KB199248

아주 기묘한 장자 이야기로 시작하는

자존감공부

아주 기묘한 장자 이야기로 시작하는
자존감 공부

1판 1쇄 인쇄 2018년 9월 10일
1판 1쇄 발행 2018년 9월 15일

지은이 박영규
펴낸이 송준화
펴낸곳 아틀라스북스
등 록 2014년 8월 26일 제399-2017-000017호

편집기획총괄 송준화
마케팅총괄 박진규
디자인 김민정
일러스트 안은진

주소 (12084) 경기도 남양주시 청학로 78 812호(스파빌)
전화 070-8825-6068
팩스 0303-3441-6068
이메일 atlasbooks@naver.com

ISBN 979-11-88194-06-3 (13100)
값 13,000원

저작권자 ⓒ 박영규 2018
이 책의 저작권은 저자에게 있습니다. 서면의 의한 저자의 허락없이
내용의 일부를 인용하거나 발췌하는 것을 금합니다.

이 도서의 국립중앙도서관 출판시도서목록(CIP)은 서지정보유통지원시스템 홈페이지
(http://seoji.nl.go.kr)와 국가자료공동목록시스템(http://www.nl.go.kr/kolisnet)에서
이용하실 수 있습니다.(CIP제어번호 : CIP2018027418)

아주 기묘한
장자 이야기로
—— 시작하는 ——

자존감 공부

———— 박영규 지음 ————

아틀라스
북스

> **"**
> 마음의 주인은 바로 자기 자신이다. 자신을 벗 삼고 어디든
> 구속 받지 않고 내 마음의 주인이 되어 산다면 그보다 평안한 삶은 없다.
> **"**
>
> 《채근담》

'내 마음 나도 모른다.'

갈피를 잡지 못하고 우왕좌왕할 때 우리가 흔히 쓰는 말이다. 누구나 한 번쯤 그런 경험이 있을 법하다. 사람의 마음만큼 간사하고, 자주 변하고, 쉽게 흔들리는 것은 없다. 셰익스피어는 여자의 마음을 갈대라고 했지만 여자뿐만 아니라 남자도 마찬가지다. 오죽하면 '사람 마음이 화장실 갈 때 다르고 나올 때 다르다'라고 하고, '변덕이 죽 끓듯 한다'라는 표현이 있을까.

《장자》를 요즘의 학문분류로 하면 심리학책으로 보는 것이 가장

타당하다. 대붕(大鵬), 호접몽(胡蝶夢), 조삼모사(朝三暮四) 등 널리 알려진 우화뿐만 아니라《장자》33편의 모든 우화가 '마음의 조화'를 다루고 있다. 마음의 조화가 아니라면 한 번 날갯짓에 구만리를 나르는 대붕(大鵬) 이야기나, 꿈속에서 자유자재로 변신하는 인간과 나비의 관계를 설명할 길이 없다. 이 책에서처럼《장자》를 '자존감'이라는 콘셉트로 재해석할 수 있는 까닭도《장자》에 등장하는 다양한 인물들이 우리들 마음속에 웅크리고 있는 자아의 표출을 적극적으로 응원하고 격려하고 있기 때문이다.

그런데 도대체 마음이 어떻게 생겼기에 내 마음을 나도 모르는 것일까? 마음이 어떤 조화를 부리기에 우리로 하여금 도통 갈피를 잡지 못하게 하는 것일까?《장자》제물론 편에서는 마음의 조화를 다음과 같이 그로테스크하게 묘사하고 있다.

마음이란 요상한 것이다. 큰 지식 앞에서는 여유를 부리다가도 작은 지식 앞에서는 따질듯이 덤벼든다. 큰 말 앞에서는 담담하다가도 작은 말 앞에서는 요란스럽게 수다를 떤다. 잠을 잘 때는 꿈속에서 어지러이 교접을 하고, 깨어있을 때는 일상적으로 접촉하는 사람들과 일 때문에 잠시도 쉴 틈 없이 싸운다(日以心鬪 일이심투).

때로는 느긋한 모습을 취하기도 하고, 때로는 깊숙이 자신을 감추기도 하고, 비밀스럽게 쉬쉬거리기도 한다. 작은 공포에 벌벌 떨다가도 큰 공포 앞에서는 오히려 여유를 부리기도 한다.

마음은 화살을 장전하는 쇠뇌(連弩, 방아쇠가 달린 활의 일종)와 같은 것이니 시비를 주관하는 것도 마음이고, 맹세하는 것도 마음이고,

성취감을 누리는 것도 마음이다. 한창 피어오르는 청춘처럼 기세 등등하다가도 한 번 꺾이기 시작하면 가을에서 겨울로 넘어가듯이 곧 시들어버린다.

쇠락의 길에 접어든 마음은 수렁에 빠진 사람이나 밧줄에 칭칭 감긴 사람, 늙어서 죽음을 앞둔 사람처럼 쉽게 회복하지 못한다. 기뻐하고 노여워하고 좋아하고 즐거워하고 염려하고 탄식하고 변덕스럽고 두려워하고 경박스럽고 잘난 체하는 것들이 모두 마음의 조화에서 비롯된 것이다. 빈 구멍에서 노랫가락이 나오고, 습한 기운에서 버섯이 자라나듯이 마음은 밤낮으로 스멀스멀 기어 나오지만 사람들은 그것이 어디에서 연유하는지 알지 못한다.

'日以心鬪 일이심투'

《장자》에 나오는 위의 표현처럼 우리는 날마다 내 마음과 싸운다. 갈등하고, 번뇌하고, 망설이는 것이 모두 우리가 마음과 싸우기 때문에 나타나는 현상들이다. 마음의 갈피를 잡지 못하고 이리저리 흔들리는 삶을 살아가는 불쌍한 영혼들을 장자는 이렇게 안타까워한다.

마음의 갈피를 잡지 못하는 자들은 평생토록 고생을 해도 그 성공을 보지 못하고 고달픈 삶을 살면서도 마음의 본향으로 돌아갈 줄을 모르니 이 어찌 애달프지 않은가? 살아서 숨을 쉬어도 무슨 유익이 있을 것이며 육신이 변해가면서 마음도 따라서 변해가니 이 또한 슬프지 아니한가? 사람의 삶이 어찌 이렇게도 허망하단 말인가?

그렇다. 장자의 말처럼 마음이 흔들리면 존재의 기반 자체가 불안해진다. 살아서 숨을 쉬어도 아무런 유익이 없다. 밥을 먹어도 먹은 것 같지 않고 잠을 자도 잔 것 같지가 않다. 반대로 마음이 편하면 세상에 부러울 것이 없다. 세상의 그 어떤 부자도 마음이 불안하면 행복해질 수 없으며, 아무리 가난해도 마음만 편안하면 행복을 누리면서 살 수 있다. 그래서 예수는 '천국은 네 마음속에 있다'라고 했고, 붓다는 '모든 것은 마음의 조화(一切唯心造 일체유심조)'라고 했다.

어떻게 하면 흔들리는 내 마음을 제대로 다스릴 수 있을까?《장자》에서 제시하는 답은 비교적 간단하다. 사람은 저마다 마음의 중심을 가지고 있다. 신체에 등뼈가 있어 몸의 중심과 균형을 잡아주듯이 마음에도 그러한 중심이 있다. 장자는 이것을 마음의 '진재(眞宰)', '진군(眞君)'이라고 표현한다.

모든 사람의 마음속에는 이런 진재, 진군이 있다. 다만 우매한 인간들이 그것을 깨닫지 못할 뿐이다. 마음의 눈을 크게 뜨고서 진재, 진군을 응시할 수 있으면 흔들리는 마음을 다스릴 수 있다. 내 마음의 진재, 진군을 수월하게 응시할 수 있기까지는 다소의 훈련이 필요하고 때로는 고통이 따를 수도 있다. 하지만 누구나 할 수 있다.

진재, 진군을 현대 심리학의 용어로 표현하면 '자존감'으로 바꿔 부를 수 있다. 나를 나답게 해주고 나를 세상에 당당하게 드러나게 해주는 마음의 주인, 주권자가 바로 '자존감'이기 때문이다. 자존감은 마음의 헌법이다. 자존감이 흔들리는 것은 나라의 주권이 흔들리는 것과 같다. 존재의 횃불을 환하게 밝히고 험난한 세상 풍파를 거침없이 헤쳐 나가려면 다이아몬드처럼 단단한 자존감으로 마음을 무장해야 한다.

이 책에서 필자는《장자》33편의 우화에서 추출할 수 있는 삶의 지혜를 '자존감'이라는 콘셉트로 가지런히 분류해서 독자들에게 소개하려고 한다. 다만 텍스트로서의《장자》의 특성을 고려해 외편과 잡편보다는 내편에서 꼭지를 많이 뽑아냈음을 미리 일러둔다. 그렇다고 외편과 잡편에서 길어 올린 메시지들의 가치가 떨어진다는 의미는 아니다. 장자가 직접 서술했다고 알려진 내편이나 제자들의 손길이 닿아 다소의 내용적 변형이 있는 것으로 보이는 외편이나 잡편은 메시지의 무게감에서 크게 다르지 않다. 다만 본문의 서술과정에서 철학적 깊이가 돋보이는 내편을 좀 더 비중 있게 다루다 보니 상대적으로 꼭지가 많아졌을 뿐이다.

박영규

잡편

내 편

행복은 소유하는 것이 아니라 누리는 것이다

66

성공의 신화는 매력적이긴 하지만, 마치 전설과도 같아서 실제로는
존재하지 않는다. 부자든 아니든, 높은 지위에 있든 아니든, 결혼을 하든 안 하든
누구나 지금 당장 행복해질 수 있다. 그리고 그 행복을 계속해서 누릴 수 있다.

99

유키 소노마, 《하버드 행복 수업》

이웃에 이사 온 사람이 주차하는 차를 보니 비까번쩍한 대
형 외제차다. 내 차는 10년이 넘은 소형 국산인데…. 순간 살짝 마음
이 흔들린다. 부럽기도 하다. 부부가 나란히 골프백을 트렁크에 싣는
모습을 보니 한 번 더 마음이 흔들린다.

'엄청난 부자구나!'

모든 스몰 사이즈는 빅 사이즈 앞에서 주눅이 든다. 작은 평수의
아파트는 큰 평수의 아파트 앞에서, 소형 승용차는 대형 승용차 앞에
서, 1억 자산가는 10억 자산가 앞에서.《장자》를 펼치자마자 이런 빅
사이즈가 하나 등장한다. 그런데 그 크기가 상상을 초월한다. 대륙풍

의 중국 사람들이 원래 뻥이 좀 세긴 하지만《장자》는 그 정도가 심하다.

> 곤(鯤)이라는 물고기가 있었는데 크기가 수천 리에 달한다. 이게 변해서 붕(鵬)이라는 새가 되는데 붕은 등짝만 수천 리다. 붕이 남쪽 바다로 날아갈 때 물줄기가 솟구치는데 삼천 리에 이르고 회오리바람을 일으키는데 구만 리에 달한다. 힘도 좋아서 한 번 날아오르면 여섯 달 동안 쉬지 않고 날갯짓을 한다.

鯤之大 不知其幾千里也 化而爲鳥 其名爲鵬 鵬之背
곤 지 대 부 지 기 기 천 리 야 화 이 위 조 기 명 위 붕 붕 지 배

不知其幾千里也 鵬之徙於南冥也 水擊三千里
부 지 기 기 천 리 야 붕 지 사 어 남 명 야 수 격 삼 천 리

搏扶搖而上者九萬里 去以六月息者也
단 부 요 이 상 자 구 만 리 거 이 유 월 식 자 야

《장자》 소요유 편

새가 얼마나 크기에 날갯짓 한 번에 바다의 물줄기가 삼천 리 솟구치고 거대한 회오리바람이 일어나 주변 구만 리를 뒤덮을까. 게다가 여섯 달 동안 한 번도 쉬지 않고 날갯짓을 한다. 가히 역대급 빅 사이즈다.

대붕(大鵬)은 말하자면 초호화저택에 살면서 전용 요트와 전용 비행기를 갖고 있는 부자다. 이런 사람 앞에서는 누구나 마음이 흔들릴

법하다. 그런데 곧바로 반전이 일어난다. 스몰 사이즈의 대표선수인 쓰르라미와 작은 비둘기가 이 모습을 보고 가벼운 웃음을 날린다. 그러면서 초월적, 상상불가의 빅 사이즈 대붕을 디스한다.

재 왜 저러냐? 우리처럼 살짝 날갯짓해서 느릅나무나 박달나무 가지에 안착하면 될 텐데 뭐 하러 구만 리나 나느냐? 가볍게 날아 가까운 교외에 가서 도시락 맛있게 먹고 집으로 돌아오면 될 텐데 뭐 한다고 저 난리블루스냐?

蜩與學鳩笑之曰 我決起而飛 槍楡枋
조 여 학 구 소 지 왈   아 결 기 어 비   창 유 방

時則不至 而控於地而已矣 奚以之九萬里而南爲?
시 즉 부 지   이 공 어 지 이 이 의   해 이 지 구 만 리 이 남 위 ?

適莽蒼者 三湌而反 腹猶果然
적 망 창 자   삼 손 이 반   복 유 과 연

《장자》소요유 편

파격적인 반전이다. 도입부에서 역대급 빅 사이즈 대붕을 등장시켜 서민의 기를 팍팍 꺾어놓더니 갑자기 상황을 180도 뒤집어버린다. 스몰 사이즈 쓰르라미와 비둘기를 내세워 단박에 빅 사이즈 대붕을 날려버린 것이다.

《장자》읽기의 묘미가 바로 여기에 있다. 장자가 말하는 행복한 삶의 실체는 크고 화려한 외형이 아니라 '작고 소박한 내면'에 있다. 물

줄기를 수천 리 솟구치게 하고 구만 리를 난다는 대붕을 등장시킨 것은 작은 삶의 소중함을 강조하기 위한 《장자》 우화의 독특한 전략이다. 《장자》의 모든 우화는 이런 프레임으로 구성되어 있다. 극단적 대비를 통해 메시지의 효과를 극대화하기 위한 전략이다.

주변의 부와 권력, 모든 빅 사이즈가 내 마음을 흔들 때 쓰르라미와 작은 비둘기가 되어 가벼운 웃음 한 방으로 디스해버리자. 큰 차, 큰 아파트, 많은 돈 따위는 따지고 보면 삶의 행복과 큰 연관이 없다.

'행복은 결과가 아니라 과정이고 소유하는 것이 아니라 누리는 것이다.'

힘들게 구만 리를 날아가지 않아도 세끼 밥 배불리 먹고 마음 편히 쉴 수 있는 공간만 있으면 누구나 행복하게 살 수 있다.

칭찬과 비난에
연연해하지 마라

대단한 일을 한 것도 아닌데 뜻밖의 영예를 얻는 경우가 있는가 하면,
최선을 다한다고 했는데 생각지도 못한 비난을 받는 경우도 있다.

有不虞之譽 有求全之毀   유불우지예 유구전지훼

《맹자》 이루상 편

자존감은 타인의 평가에 의해 많은 영향을 받는다. '저 사람 괜찮은 사람이야', '멋있다', '부럽다' 등과 같은 세인의 긍정적 평가는 자존감을 높여주고, '저 사람 별로야', '밥맛이야', '제까짓 게' 등과 같은 부정적 평가는 자존감을 떨어뜨리는 요인으로 작용한다.

하지만 위와 같은 세인의 평가는 낮밤이 바뀌듯 수시로 바뀐다. 나를 보고 '엄지 척!'이라던 사람이 어느 순간에 고개를 싹 돌리면서 외면하는가 하면, 평소에는 아는 척도 않던 사람이 어느 날 갑자기 반색하며 나에게 접근하기도 한다. 음지가 양지되고 양지가 음지되는 세상사의 이치는 인간관계에서 피할 수 없는 변화의 한 과정이다.

일관되게 자존감을 유지하면서 살려면 세인들의 칭찬과 비난에 연연해하지 말아야 한다. 좋은 평가와 나쁜 평가에 따라 일희일비 하다보면 평정심을 잃기 쉽고, 그러다보면 자존감에 상처를 입기 쉽다. 귀가 얇은 사람은 타인에게서 칭찬을 받으면 기분이 쉽게 고양된다. 하지만 사람이 늘 좋은 소리만 듣고 살 수는 없다. 사람들과 부대끼면서 살다보면 크고 작은 비난에 노출될 수밖에 없다. 감정의 기복이 심한 사람은 타인의 자그마한 비난에도 마음이 쉽게 동요되며, 흔들리는 자존감을 주체할 수 없게 된다.

송영자는 전국시대 송나라의 뛰어난 사상가였다. 그는 온 세상 사람들이 그를 칭찬해도 특별히 연연해하지 않았으며, 온 세상 사람들이 그를 비난해도 무덤덤하게 반응했다. 송영자는 혼자 있을 때와 밖에 나가서 사람들을 대할 때 어떻게 처신하는 것이 현명한지를 잘 알고 있었다. 그리고 어떤 행동들이 자신에게 영광이 되고 욕이 되는지 그 경계를 명확하게 구분할 줄 알았다. 하지만 그뿐이었다. 그 밖의 세상사에는 결코 연연해하지 않았으며 세인들의 좋은 평가나 나쁜 평가에 휘둘리지 않았다.

宋榮子 且擧世而譽之 而不加勸 擧世而非之 而不加沮
송 영 자　차 거 세 이 예 지　이 불 가 권　거 세 이 비 지　이 불 가 저

定乎內外之分 辨乎榮辱之竟 斯已矣 彼其於世 未數數然也
정 호 내 외 지 분　변 호 영 욕 지 경　사 이 의　피 기 어 세　미 삭 삭 연 야

《장자》소요유 편

세파에 흔들리지 않고 일관되게 자존감을 유지하면서 살 수 있는 가장 좋은 방법. 이에 대한 장자의 처방을 한 줄로 요약하면 이렇다.

'나를 내세우지 말고, 공치사하지 말고, 이름에 연연해하지 말라.'

장자는 이런 마음가짐으로 세상을 살아가는 사람을 도(道)를 통한 사람, 즉 지인(至人), 신인(神人), 성인(聖人)이라 부른다.

> 그러므로 이르기를 지인(至人)은 자기를 내세우지 않으며, 신인(神人)은 공을 자랑하지 않으며, 성인(聖人)은 이름을 알리지 않는다.
>
> 故曰 至人無己 神人無功 聖人無名
> 고 왈 지 인 무 기   신 인 무 공   성 인 무 명
>
> 《장자》 소요유 편

《장자》 속 이야기를 통해 앞으로도 계속 볼 수 있겠지만 장자에게 있어서 '도(道)를 통한다'라는 의미는 별게 아니다. 일상적인 삶 가운데서 큰 욕심 부리지 않고 자신의 마음을 잘 다스리면서 가족과 이웃을 위해 헌신적으로 살아가는 사람이 도를 통한 사람이다. 장자에 의하면 '도(道)'란 삶의 바깥에 있지 않고 삶의 한가운데 있으며, 궁극적으로는 내 마음속에 있는 것이다.

소확행이
자존감을 높인다

> **❝**
>
> 행복의 거의 대부분은 소박하다. 상대를 위하는 마음으로 건네는 빵 하나,
> 고난 속에서도 마음과 마음이 통하는 눈빛, 거칠게 쓰다듬어 주시는
> 아버지의 손길, 따뜻한 마음이 담긴 연인의 쪽지, 수고했어, 사랑해라는
> 말 한마디. 이 모든 것은 천금을 주고도 살 수 없는 행복이다.
>
> **❞**

무무,《행복이 머무는 순간들》

자존감은 재물이나 권력과 비례하지 않는다. 학자들의 연구결과와 다양한 통계자료가 이를 입증한다. 오히려 '소소하지만 확실한 행복(소확행)'을 누리는 사람들의 자존감이 더 높다. 소확행을 삶의 가치관으로 삼는 사람들은 재물이나 권력에 대한 욕심을 내려놓고 자신만의 삶에 집중하기 때문에 인간관계에서 파생되는 유무형의 빚이 상대적으로 적다. 빚이 적다는 것은 분쟁이나 고민, 갈등에서 자유롭다는 뜻이다. 그러다보니 심리적 안정감이 지속되는 기간이 길어지고, 이런 상태가 지속되면서 내적 자신감, 자존감이 높아지는 것이다.

장자는 '극단적인 소확행'을 추구한다. 그는 천하를 주겠다는 권유도 마다할 정도로 철저한 소확행주의자다. 장자는 요임금의 친구인 허유라는 인물을 내세워 소확행에 대한 자신의 철학을 드러낸다.

어느 날 요임금이 허유에게 천하를 내주겠다고 말한다.

"해와 달이 나왔는데도 횃불이 꺼지지 않고 있다면 그것은 일종의 전력 낭비가 아니겠는가? 대지를 촉촉하게 적시는 비가 내리는데도 여전히 논에 물을 댄다면 괜한 헛수고를 하는 셈이 아닌가? 자네 같은 성인이 나왔는데 나 같은 사람이 천하를 쥐고 있으면 백성들에게 민폐를 끼치는 게 아닌가? 이제 그만 자네가 천하를 맡아주게."

堯讓天下於許由日 日月出矣 而爝不息 其於光也
요 양 천 하 어 허 유 왈   일 월 출 의   이 작 불 식   기 어 광 야

不亦難乎 時雨降矣 而猶浸灌 其於澤也 不亦努乎
불 역 난 호   시 우 강 의   이 유 침 관   기 어 택 야   불 역 노 호

夫子立 而天下治 而我猶尸之 吾自視缺然 請致天下
부 자 립   이 천 하 치   이 아 유 시 지   오 자 시 결 연   청 치 천 하

《장자》 소요유 편

이런 권유에 허유는 이렇게 답한다.

"그대가 천하를 맡은 후 이미 천하가 잘 다스려졌는데 이제 와서 내가 그대를 대신한다면 나는 명성에 집착하는 것밖에 안 되네.

명성이라는 것은 부질없는 허상일 뿐이니 나는 결국 껍데기에 연연하는 것이 되네. 뱁새가 깊은 숲속에 둥지를 틀어도 나뭇가지 하나면 충분하고, 두더지가 황하의 물을 마셔도 자기 배만 채우면 되는 것일세. 그대는 돌아가시게. 나에게 천하란 아무 쓸모없는 것이네."

許由曰 子治天下 天下旣已治也 而我猶代子 吾將爲名乎
허 유 왈 자 치 천 하 천 하 기 이 치 야 이 아 유 대 자 오 장 위 명 호

名者實之賓也 吾將爲賓乎 鷦鷯巢於深林 不過一枝
명 자 실 지 빈 야 오 장 위 빈 호 초 료 소 어 심 림 불 과 일 지

偃鼠飮河 不過滿腹 歸休乎君 予无所用天下爲
언 서 음 하 불 과 만 복 귀 휴 호 군 여 무 소 용 천 하 위

《장자》 소요유 편

그리고 허유는 이런 말을 덧붙이며 천하를 자신에게 양위하겠다는 요임금의 제안에 확실하게 선을 긋는다.

"쉐프가 조금 서툴다고 제사를 주관하는 사람이 제사를 지내다 말고 부엌으로 들어가서 쉐프의 자리를 대신할 순 없는 것 아닌가?"

'천하를 주겠다는데 그걸 마다하다니, 허유라는 사람 바보 아냐?'
이렇게 생각할 수도 있겠다. 하지만 검찰청 포토라인에 서는 전직 대통령을 보면서 장자의 이 우화를 떠올리면 생각이 달라질 것이다.

최고의 자리에서 잠깐 동안 권력을 누린 후 차가운 감방에서 여생을 보내는 것과 욕심을 내려놓고 갓 구운 빵 한 조각을 떼어내서 입에 넣는 소소한 행복을 오래오래 누리는 것, 둘 중에 하나를 선택하라면 어떤 삶을 선택하겠는가?

장자는 2천 5백 년 전에 살았던 인물이지만 그가 남긴 《장자》 33편의 다양한 우화 속에서 드러나는 삶의 철학은 지금까지도 깊은 울림을 주고 있다.

세상을 향해 '나야 나!'
라고 외치려면

> "
> 오늘 밤 주인공은 나야 나! 나야 나! 너만을 기다려 온 나야 나! 나야 나!
> 네 맘을 훔칠 사람 나야 나! 나야 나! 마지막 단 한 사람 나야 나! 나야 나!
> "
>
> 워너원, 〈나야 나〉

자존감이 단단한 사람은 세상 사람들이 굳이 자신을 알아주지 않아도 크게 신경 쓰지 않는다. 삶의 뿌리가 깊고, 내면은 늘 풍족하기 때문에 세상의 시선이나 평판, 시류의 변화에 크게 신경 쓰지 않는다. 그렇다고 사람들과 단절된 채 고립된 삶을 산다는 의미는 아니다. 이웃과 척을 지거나 원망 살 일을 하지 않기 때문에 늘 떳떳하고 당당하게 산다는 의미다. 그런 사람은 아침에 눈을 뜰 때나 저녁에 눈을 감을 때 거리낄 것이 없기 때문에 언제나 마음은 편하고 두 다리 쭉 뻗고 잠을 잔다.

장자는 견오와 연숙의 대화를 통해 다이아몬드처럼 자존감이 단단

한 사람의 특징을 들려준다. 우화이기 때문에 다소의 비약과 과장이
있지만 속내를 짚어보면 고개를 끄덕이게 된다.

> 견오가 어느 날 접여라는 사람을 만난다. 접여는 견오에게 막고야
> 산에 사는 어느 신인(神人)에 대해 이야기한다. 견오는 접여에게서
> 들은 이야기를 손숙에게 전한다.
> "접여가 어떤 사람에 대해 말하는데, 그 사람은 내공이 너무 깊어
> 서 범인들이 함부로 접근할 수 없을 정도라네. 은하수처럼 크고
> 깊어서 두려움을 느낄 정도라는 거야. 우리 같은 일반인들과는 정
> 서가 맞지 않아."
>
>
> 吾聞言於接輿 大而無當 往而不返
> 오 문 언 어 접 여　대 이 무 당　왕 이 불 반
>
> 吾驚怖其言 猶河漢而無極也
> 오 경 포 기 언　유 하 한 이 무 극 야
>
> 大有逕庭 不近人情焉
> 대 유 경 정　불 근 인 정 언
>
> 《장자》 소요유 편

손숙이 견오에게 좀 더 자세하게 말해보라고 하자 견오는 다음과
같이 이야기를 잇는다.

> "접여 말에 따르면 그 사람은 막고야 산에 사는데 신인(神人)이래.

피부는 얼음이나 눈처럼 희고 처녀처럼 부드럽대. 밥은 안 먹고 바람과 이슬만 먹고 사는데 구름이나 용을 타고 다니면서 사해 바깥에서 유유자적하면서 노닌다는 거야. 그가 정신을 집중해서 기를 한 번 모으면 만물이 병들지 않고 곡식이 절로 잘 익는대. 어째 황당하지 않나? 접여는 아마 헛것을 본 게 틀림없어.”

藐姑射之山 有神人居焉
막 고 야 지 산 유 신 인 거 언

肌膚若冰雪 淖約若處子 不食伍穀 吸風飮露
기 부 약 빙 설 작 약 약 처 자 불 식 오 곡 흡 풍 음 로

乘雲氣 御飛龍 而遊乎四海之外
승 운 기 어 비 룡 이 유 호 사 해 지 외

其神凝 使物不疵癘 而年穀熟 吾以是狂而不信也
기 신 응 사 물 불 자 려 이 년 곡 숙 오 이 시 광 이 불 신 야

《장자》 소요유 편

현실에서 사람이 밥을 먹지 않고 살 수는 없다. 밥을 먹지 않아도 배가 부를 정도로 떳떳하다는 의미로 받아들이면 된다. 얼음이나 눈처럼 피부가 희다는 표현은 그만큼 정신세계가 순박하고 올곧다는 뜻이며, 구름이나 용을 타고 사해의 바깥에서 유유자적 노닌다는 것은 번잡한 세상사에 거리를 둔 채 자신만의 삶을 즐긴다는 뜻이다.
　견오가 접여의 이야기를 믿을 수 없다고 하자 손숙은 혀를 끌끌 차며 말한다.

"자네 그릇이 그것밖에 안 되는 걸세. 장님은 아름다운 무늬를 볼 수 없고, 귀머거리는 종소리와 북소리를 들을 수 없는 법이지. 어찌 몸에만 장님과 귀머거리가 있겠나. 아는 것에도 그런 게 있다네. 자네가 딱 그 짝일세."

그러면서 손숙은 신인(神人)의 경지에 오른 사람들의 특징을 좀 더 부연 설명한다.

"세상의 그 어떤 것도 그런 사람을 해칠 수가 없다네. 큰 홍수가 하늘까지 차도 그런 사람을 죽게 하지 못하고 큰 가뭄으로 쇠와 돌이 녹을 지경이 되고 대지와 산이 몽땅 타도 그런 사람을 태울 수는 없다네."

之人也 物莫之傷 大浸稽天而不溺
지 인 야 물 막 지 상 대 침 계 천 이 불 익

大旱金石流 土山焦而不熱
대 한 금 석 류 토 산 초 이 불 열

《장자》 소요유 편

천지를 뒤덮고 태울 정도의 큰 홍수와 큰 가뭄에도 끄떡 않는다는 것은 세상의 그 어떤 유혹에도 자신의 중심을 지킬 수 있을 정도로 자존감이 단단하다는 뜻이다. 막고야 산의 신인은 특별한 지위가 없지만 세상의 모든 편견과 분파, 아집에서 자유로운 사람이다. 그는 매사에 독립적이며, 소유가 아니라 '존재 중심의 삶'을 살아가는 인물이다. 그러니 높은 자존감을 유지하면서 살아갈 수 있는 것이다.

보통사람이 막고야 산의 신인(神人)과 똑같이 될 수는 없다. 하지만 그를 좌표로 삼아 내 삶의 방식을 조정하고 바꿀 수는 있다. 인간관계는 가깝지도 멀지도 않게 하고, 물질이나 출세에 대한 욕심을 내려놓고, 하루하루 주어진 일상에 만족하면서 자신만의 삶에 충실하다 보면 어느새 내 자존감은 다이아몬드처럼 단단해진다. 그런 자존감으로 무장할 때 우리는 세상을 향해 이렇게 외칠 수 있다.

'내 삶의 주인공은 나야 나!'

나를 버림으로써
나를 얻는다

"

나무는 꽃을 버린 후 열매를 얻고
강물은 강을 버린 후 바다에 이른다.

"

《화엄경》

'내가 보기에…' '내 생각에는…'

상대방과 대화할 때 우리는 흔히 나를 앞세우는 경향이 있다. 좋게 보면 주체적인 의사표현으로 생각할 수 있으며, 이런 습관이 나의 자존감을 높여준다고 생각할 수도 있다. 하지만 사실은 그렇지 않다. 오히려 거꾸로다. 혜자와 장자의 다음 논쟁이 보여주듯이 나를 앞세운다고 자존감이 높아지지는 않으며, 오히려 나를 버림으로써 진정한 자아를 얻는 경우가 많다.

혜자가 장자에게 말했다.

"어느 날 위나라 왕에게서 큰 박씨를 하나 얻었는데 그걸 심었더니 엄청난 크기의 박이 열렸다네. 너무 커서 바가지로 만들어 쓸 수도 없고 해서 부숴버렸지."

惠子謂莊子曰 魏王胎我大瓠之種
혜 자 위 장 자 왈 위 왕 태 아 대 호 지 종

我樹之成而實五石 以盛水漿 其堅不能自擧也
아 수 지 성 이 실 오 석 이 성 수 장 기 견 불 능 자 거 야

剖之以爲瓢 則瓠落無所容
부 지 이 위 표 즉 호 락 무 소 용

非不呺然大也 吾爲其無用而掊之
비 불 효 연 대 야 오 위 기 무 용 이 부 지

《장자》 소요유 편

위 우화에서 혜자는 크기만 하고 정작 쓸모가 없는 박처럼 장자의 생각도 겉보기에는 웅장한 것 같지만 사실은 아무짝에도 쓸모가 없으니 없애버리는 것이 낫다는 생각을 우회적으로 표현한 것이다. 하지만 장자는 손을 트지 않게 하는 약의 비유를 들어 곧바로 반격에 나선다.(원문은 핵심적인 문구만 소개한다.)

"자네는 큰 걸 쓰는 데 서툴군 그래. 내 예를 하나 들어주지. 송나라 사람 중에 대대로 솜을 표백하는 일에 종사하는 사람이 있었다네. 이 사람은 직업상 손이 자주 터서 괴로워하다가 스스로 약을

하나 개발했지. 이 약은 손을 트지 않게 하는 데 아주 잘 들어 명약으로 소문이 났어.

그래서 어느 날 나그네 한 사람이 와서 백금의 돈을 주고 이 약을 만드는 비방을 사갔다네. 이 나그네가 오나라 왕에게 가서 비방을 말했더니 오나라 왕은 나그네를 장수로 삼아 월나라와 전쟁을 치르게 했다네. 추운 겨울 수전(水戰)에서 오나라는 월나라를 대파했고, 마침내 나그네는 왕에게서 큰 봉지를 얻었다네.

같은 비방을 가지고 어떤 사람은 평생 솜 타는 일을 했지만 어떤 사람은 장수가 되고 큰 봉지도 얻었듯이 같은 것이라도 쓰기 나름 아니겠나. 큰 박이 쓸모없다고 하지만 그걸로 요트를 만들어 바다에 띄우면 얼마나 근사하겠나? 자네 생각은 쑥부쟁이처럼 옹졸한 것일세."

莊子曰 夫子固拙於用大矣
장 자 왈 부 자 고 졸 어 용 대 의

今子有五石之瓠 何不慮以爲大樽而浮乎江湖
금 자 유 오 석 지 호 하 불 려 이 위 대 준 이 부 호 강 호

而憂其瓠落無所用 則夫子猶蓬之心也夫
이 우 기 호 락 무 소 용 즉 부 자 유 봉 지 심 야 부

《장자》 소요유 편

장자는 박의 크기를 탓하면서 부숴버릴 것이 아니라 크기에 맞춰 적절하게 쓰임새를 정하는 것이 더 현명하다면서 혜자의 논리를 반

박하고 있다. 작은 박이면 바가지로 쓸 수 있지만, 큰 박이면 요트로 쓸 수도 있고, 경우에 따라서는 타이타닉 호와 같은 초호화유람선이나 크루즈를 만들 수도 있지 않느냐는 것이다.

혜자는 장자에게 한 방 얻어맞았지만 이에 굴하지 않고 다시 큰 나무의 비유를 들어 장자의 허황되고 비현실적인 생각을 재차 공격한다.

"나한테 큰 가죽나무가 하나 있다네. 근데 줄기는 울퉁불퉁하고 가지는 구불구불해서 도무지 쓸모가 없지. 그래서 목수들이 거들떠보지도 않는다네. 자네 말은 제법 거창하지만 황당하기 짝이 없는 것들이라 사람들한테 인정을 받지 못하는 게 당연하지 않은가?"

吾有大樹 人謂之樗
오 유 대 수 인 위 지 저

其大本擁腫而不中繩墨 其小枝卷曲而不中規矩
기 대 본 옹 종 이 부 중 승 묵 기 소 지 권 곡 이 부 중 규 구

立之塗 匠者不顧
입 지 도 장 자 불 고

今子之言 大而無用 衆所同去也
금 자 지 언 대 이 무 용 중 소 동 거 야

《장자》 소요유 편

거듭된 혜자의 공격에도 장자는 물러서지 않는다. 이번에는 먹이를 찾으려고 이리저리 헤매다가 덫에 걸려 죽고 마는 너구리와 족제비의 비유를 들면서 다시 반격한다.

"어허, 자네 참으로 딱하네. 자네는 너구리와 족제비도 보지 못했는가? 그 놈들은 먹이를 낚아채려고 이리저리 뛰다가 결국은 덫에 걸려 죽고 말지. 그리고 이우라는 검은 소는 하늘의 구름 같이 덩치가 크지만 정작 쥐새끼는 잘 못 잡는다네.

나무가 커서 걱정이라는데 발상의 전환을 하면 되지 않는가. 아무도 없는 넓은 들판에 그 나무를 심어놓고 그 곁에 누워서 휘파람이나 불면서 느긋하게 쉬면 그곳이 곧 낙원이 아니겠는가. 누가와서 도끼질을 할 염려도 없고 해코지 할 사람도 없을 테니 이보다 더 안전한 곳이 어디 있겠는가."

子獨不見狸狌乎 卑身而伏以候敖者
자 독 불 견 리 성 호   비 신 이 복 이 후 오 자

東西跳梁 不避高下 中於其辟 死於罔罟
동 서 도 량   불 피 고 하   중 어 기 벽   사 어 망 고

今夫斄牛 其大若垂天之雲 此能爲大矣 而不能執鼠
금 부 이 우   기 대 약 수 천 지 운   차 능 위 대 의   이 불 능 집 서

今子有大樹 患其无用 何不樹之於无何有之鄕
금 자 유 대 수   환 기 무 용   하 불 수 지 어 무 하 유 지 향

廣莫之野 彷徨乎无爲其側 逍遙乎寢臥其下

광 막 지 야　방 황 호 무 위 기 측　소 요 호 침 와 기 하

不夭斤斧 物无害者 无所可用 安所困苦哉?

불 요 근 부　물 무 해 자　무 소 가 용　안 소 곤 고 재 ?

《장자》 소요유 편

　장자 사상의 진수를 보여주는 대표적인 구절이다. 혜자는 눈앞에 보이는 이익(먹이)을 쫓다가 덫에 걸려 죽고 마는 너구리와 족제비로 묘사되었고, 장자는 자잘한 이익(쥐새끼) 따위는 신경 쓰지 않고 유유자적한 삶을 사는 큰 소(이우)로 묘사되었다. 혜자는 큰 나무의 쓰임새를 알지 못했지만 장자는 그것을 적절하게 활용해서 지극히 자유롭고 여유로운 삶을 누린다. 참고로 《장자》 33편의 들머리를 장식하는 소요유 편은 위의 우화에 나오는 '소요호침와기하(逍遙乎寢臥其下)'라는 구절에서 유래했다.

　이 우화의 핵심 메시지는 '외형의 크고 작음'에 있지 않다. 장자에게 있어서 대소(大小)의 구분은 아무런 의미가 없다. 날갯짓 한 번에 구만 리를 나는 대붕이나 폴짝 뛰어서 나뭇가지에 간신히 안착하는 쓰르라미나 본질적인 차이가 없다는 것이 장자의 생각이다.

　이 우화에서 혜자와 장자 사이에는 '기준점'의 차이가 있다. 혜자는 '나'의 생각에 '사물'의 쓰임새를 맞추었고, 장자는 '사물'의 쓰임새에 '나'의 생각을 맞추었다. 그러다보니 혜자는 편협함과 고루함을 벗어나지 못하는 속 좁은 인물이 되었고, 장자는 자유롭고 탄력적인 사고방식을 가진 대범한 인물이 되었다. 혜자는 내 기준에 외물(타인)을 맞

추어서 자존감을 높이려 했지만 결과적으로 자존감을 떨어뜨리게 되었고, 장자는 외물(타인)에 자신을 맞춰서 통 크게 양보한 듯 보이지만 사실은 절대적인 자존감을 획득하게 되었다.

세종대왕은 신하들에게 군주로서의 권위를 내세우는 대신 신하들의 의견에 귀를 기울였다. 임금에 즉위한 후 그의 첫마디는 '의논하자'였다. 그가 조선왕조 5백 년에서 가장 위대한 성군으로 남을 수 있었던 이유는 왕의 기준이 아니라 신하의 기준, 백성의 기준으로 세상을 바라보았기 때문이다.

삶의 군더더기를
덜어내라

> **"**
>
> 오늘도 나와 상관없이 복잡한 일들이 소용돌이처럼 우리를 잡아당긴다.
> 그 소용돌이에 휘말리지 않으려면 그 거센 움직임보다 더 강력한 힘이 필요하다.
> 그 힘이 바로 '나-자신'이라는 단단한 바위다.
>
> **"**
>
> 배철현, 《수련》

    목걸이, 브로치, 팔찌와 같은 액세서리는 상대의 시선을 끈다. 그래서 나를 돋보이게 한다. 하지만 액세서리는 나의 신체 그 자체는 아니다. 내 몸에 걸치는 부속품일 뿐이다. 그로 인해 내가 돋보이게 되는 것은 잠시 사람들의 눈을 현혹시키는 것일 뿐 나의 자존감을 높이는 본질적 요소로 작용하지는 않는다.

  확대해서 보면 내 주변의 물건들이 갖고 있는 속성도 이와 같다. 고급 외제차, 넓은 집, 명품 백과 같은 값비싼 물건들은 삶의 본질이라는 측면에서는 하나의 허상에 불과하다. 에리히 프롬은 《소유냐 존재냐》에서 이렇게 말한다.

"내가 모든 것을 소유하고 있는 것처럼 보일지라도 그것은 환상에 지나지 않으며 실제로는 아무것도 소유하고 있지 않다. 내가 어떤 물체를 소유, 보유, 지배하는 것은 사는 과정에서 스쳐가는 한순간에 불과하기 때문이다."

장자는 이러한 비본질적인 것들을 '그림자의 그림자'라고 말한다.

그림자의 그림자가 그림자에게 말했다.

"아까 보니 걷고 있었는데 이번에는 멈추었군요. 아까 보니 앉아 있더니 어느 틈에 서 있군요. 당신은 어쩜 그렇게 지조가 없습니까?"

이에 그림자가 대답했다.

"내가 의지하는 대상이 있기 때문에 그런 것이겠죠. 내가 의지하는 대상은 그 나름대로 자신이 의지하는 대상이 또 있을 것이오."

罔兩問景曰 曩子行 今子止 曩子坐 今子起 何其無特操與
망 량 문 영 왈 낭 자 행 금 자 지 낭 자 좌 금 자 기 하 기 무 특 조 여

景曰 吾有待而然者邪 吾所待 又有待而然者邪
영 왈 오 유 대 이 연 자 야 오 소 대 우 유 대 이 연 자 야

《장자》 소요유 편

위 《장자》 원문에서 '영(景)'은 사물에 의지해서 생겨나는 그림자이고, '망량(罔兩)'은 그 그림자에 의지해서 생겨나는 곁가지 그림자이

다. 그림자는 사물의 실체를 어렴풋이 반영하지만, 그림자의 그림자는 1도 반영하지 못한다. 우리 마음속에도 이러한 망량이 도사리고 있다. 실체가 있는 그림자는 '부푼 꿈, 희망'이라고 할 수 있지만, 실체가 없는 망량은 '허황된 망상, 집착, 아집' 같은 것들이다. 이런 것들이 내 자존감을 높여주지는 않는다.

삶에서 망량을 걷어내지 않으면 삶의 실체를 제대로 들여다볼 수 없다. 애지중지하는 값비싼 물건이나 액세서리와 같은 것들은 삶의 본질을 가로막는 망량이 될 수 있다. 노자는 이를 '여식췌행(餘食贅行)', 즉 '먹다 남긴 음식 혹은 신체에 혹처럼 달린 군더더기'라고 말한다. 삶의 군더더기들을 깨끗이 비운 텅 빈 상태에서 자신을 바라볼 때 순수한 내 자아가 보인다. 그때 보이는 자아가 내 자존감의 실체다.

자존감을 흔드는 적,
비교에서 자유로워지려면

> **"**
> 우리가 항상 어떤 것이나 어떤 사람과 비교하는 것이
> 갈등의 가장 큰 원인이다.
> **"**
>
> 《탈무드》

자존감은 문자 그대로 나의 존재에 대해 내 스스로 느끼는 감정이나 인식, 판단이다. 남이 아니라 내가 평가하는 나라는 존재의 무게, 가치를 자존감이라고 한다. 따라서 내 마음의 눈, '심안(心眼)'이 나의 자존감을 결정한다. 남이 내 자존감을 결정한다면 거지 철학자 디오게네스의 자존감이 알렉산더대왕의 자존감보다 더 높아질 수가 없을 것이다.

자존감의 가장 큰 적은 '비교'다. 남들과 비교하는 순간 심리적 동요가 수반되고 그에 따라 자존감이 흔들린다. '저 사람보다야 내가 낫지' 하는 긍정적 비교는 자존감을 높이는 요인이 될 수 있지만, 그

러한 목적을 위해 비교라는 기제가 발동되는 경우는 드물다. 비교는 주로 '저 사람은 저렇게 잘 나가는데 나는 왜 이 모양이지'와 같이 부정적이고 열등적인 형태로 작동된다. 남들보다 더 잘 나가고 싶은 욕망은 간절한데 그러지 못하는 자신의 처지와 현실이 심리적 열등감을 불러일으키고 결과적으로 자존감을 떨어뜨리게 된다.

장자는 자존감의 가장 큰 적인 비교에서 자유로워지려면 내 안의 '나(我)'를 죽여야 한다고 말한다. 한자(漢字)에서의 '나'는 두 가지로 구분된다. 하나는 독립된 주체로서의 '나'이고, 다른 하나는 타인과의 관계 속에서 존재하는 '나'이다. 전자는 '吾(오)'로, 후자는 '我(아)'로 표기한다.

문제가 되는 것은 我이며, 장자는 이 我를 죽이라고 말한다. 내면에서 我를 지우면 타인과의 대립적 구도가 사라져서 비교 자체가 불가능해지기 때문이다. 그렇게 해서 절대적 자유의 경지에 도달한 사람이 바로 '신인(神人)'이다.《장자》에는 여러 명의 신인이 등장하는데, 제물론 편의 첫머리에 나오는 남곽자기도 그런 인물 중 한 명이다.

어느 날 남곽자기가 책상에 기댄 채 멍 한 모습으로 앉아 있었다. 남곽자기의 제자 안성자유가 그 모습을 보고 물었다.

"스승님, 왜 그러십니까? 꼭 유체이탈된 것 같습니다. 어떻게 하면 육신이 죽은 나무처럼 되고, 마음이 불 꺼진 재처럼 될 수가 있습니까? 어제 모습하고는 완전히 딴판입니다."

그러자 남곽자기가 말했다.

"그래, 너의 관찰력이 참으로 뛰어나구나. 나는 나를 죽였다(吾喪我

오상아). 그래서 육신은 죽은 나무와 같고 마음은 불 꺼진 재와 같다. 용케도 네가 그 사실을 알고 있구나."

南郭子綦隱机而坐 仰天而噓 荅焉似喪其耦
남 곽 자 기 은 궤 이 좌 앙 천 이 허 답 언 사 상 기 우

顔成子游立侍乎前曰 何居乎
안 성 자 유 립 시 호 전 왈 하 거 호

形固可使如槁木 而心固可使如死灰乎
형 고 가 사 여 고 목 이 심 고 가 사 여 사 회 호

今之隱机者 非昔之隱机者也
금 지 은 궤 자 비 석 지 은 궤 자 야

子綦曰 偃不亦善乎 而問之也
자 기 왈 언 불 역 선 호 이 문 지 야

今者吾喪我 汝知之乎
금 자 오 상 아 여 지 지 호

《장자》 제물론 편

남곽자기와 안성자유의 대화에서의 핵심적인 단어는 '고목(槁木, 죽은 나무)'과 '사회(死灰, 불 꺼진 재)'다. 위의 우화에서 남곽자기의 육체는 죽은 나무와 같고 마음은 불 꺼진 재와 같다. 그렇기 때문에 그는 외부의 어떤 변수에도 흔들리지 않으며 일체의 시비와 구분, 비교에서 벗어나 냉철한 평정심을 유지할 수 있다.

남곽자기의 존재감은 남들과의 비교가 아니라 스스로의 내면에 확

립된 절대적인 기준에 따라 결정된다. 남곽자기가 그런 상태에 도달할 수 있었던 이유는 '스스로 나를 죽였기(吾喪我 오상아) 때문'이다. 내(我)가 죽고 없으면 타(他)도 없으며 자연스럽게 구분이나 비교도 없게 된다.

제물론 편은 《장자》 33편 가운데 철학적 완성도가 가장 뛰어난 작품으로 평가받는다. 그만큼 장자 사상의 요체가 집약되어 있다. 그 요체는 이렇게 한 문장으로 압축된다.

'구분 짓지 말라.'

구분 짓는다는 것은 세상을 나와 너, 내 편과 상대편, 선과 악, 정의와 불의 따위로 나누어 비교하는 행위를 뜻한다. 구분의 결과는 '분쟁'이다. 구분 짓는 서로의 기준이 다르니 '내가 잘 났느니', '네가 잘 났느니' 하며 서로 싸우는 것이다.

장자가 유가(儒家)의 창시자 공자를 철저하게 부정하고, 공격하는 이유가 여기에 있다. 사람을 착한 사람과 악한 사람, 정의로운 사람과 불의한 사람으로 구분 지어 서로가 서로를 비난하게 만들고, 마침내 세상을 전쟁 속으로 몰아넣는 장본인이 바로 '공자'라는 것이다.

장자가 죽이라고 한 나(我)는 현실세계에서 아집이나 편견, 독선의 형태로 나타난다. 이런 것들이 나의 자존감을 지켜주지는 않는다. 오히려 이런 것들을 내려놓고 비울 때 내 자존감이 단단해진다. 죽은 나무와 꺼진 재처럼 자신을 완벽하게 통제할 수는 없어도 꾸준한 수양을 통해 조금씩 자신을 다스리다보면 마음속에서 내(我)가 사라지는 것을 느낄 수 있다. 과거의 내가 사라진 자리에는 견고한 성처럼 새로운 내가 자리 잡는다. 새로운 나는 편견과 독선, 아집을 버리고 타인과 소통하고, 협력하는 성숙한 시민의 얼굴을 하고 있다.

내면의 소리에
귀를 기울여라

"

참된 변화는 내면에서부터 시작되어야 한다.

"

스티븐 코비,《성공하는 사람들의 7가지 습관》

사람의 일생은 '소리'로 시작해서 '소리'로 끝난다. 태어날 때는 울음소리로 세상에 태어났음을 알리고, 죽을 때는 옅은 숨소리를 내다가 가족들의 울음소리를 들으면서 저 세상으로 간다.

하루의 시작과 끝도 소리다. 농경시대에는 닭 울음소리를 듣고 잠에서 깨어났다면 산업화시대에는 시계의 알람소리를 들으면서 잠에서 깨어났다. 그리고 요즘에는 스마트폰 알람소리를 듣고 잠에서 깨어난다. 반려동물을 키우는 사람이라면 반려견이나 반려묘의 소리를 듣고 일어나는 경우도 있을 것이다. 저녁에는 '잘 자'라는 소리를 서로 주고받거나, 텔레비전이 '톡' 하고 꺼지는 소리를 들으면서 하루를 마감한다.

그런데 우리의 마음을 어지럽히는 것은 이런 기계음이나 동물의 소리가 아니라 이웃이나 친구들이 쏟아내는 사람의 소리다. 이런 소리들에 지나치게 귀를 곤두세우거나 예민하게 반응하면 자존감이 흔들리기 쉽다. '누가 비트코인으로 100억을 벌었다더라', '누구네 아들이 이번에 S대에 합격 했다더라' 등의 소리를 들을 때마다 '헐… 난 뭐지', '우리 애는 왜 저 모양이지' 하는 푸념이 나오면서 자존감이 팍팍 떨어지게 된다. 그렇다고 세상과 담을 쌓고 살 수는 없지만 적당하게 귀를 닫은 채 살 수는 있다.

장자는 제물론 편에서 소리를 인뢰(人籟), 지뢰(地籟), 천뢰(天籟)의 세 가지로 구분한다. '인뢰'는 사람이 내는 소리다. 사람의 말소리, 도구(악기)를 이용해서 내는 소리 등이 이에 해당된다. '지뢰'는 자연이 내는 소리다. 바람소리, 바람에 낙엽이 스치는 소리, 시냇물 소리, 천둥소리 등이 이에 속한다. '천뢰'는 모든 소리의 근원이 되는 소리다. 소리의 도(道), 소리가 나는 이치쯤으로 보면 되겠다.

다음 남곽자기의 설명을 통해 소리의 오묘함을 감상해보자. 이 구절은 장자 전편을 통틀어 문학적 향기가 가장 짙은 대목 중 하나다.

> "대지가 기운을 내뿜으니 그 이름이 바람이다. 이것은 한 번 일어나면 모든 구멍이 사납게 울부짖는다. 너(안성자유)도 자연이 내는 '윙윙'거리는 소리를 들어보았을 것이다. 울창한 숲속의 아름드리 큰 나무에는 구멍이 뚫려있는데, 이것은 사람의 코 같기도 하고, 입 같기도 하고, 귀 같기도 하고, 그릇 같기도 하고, 절구 같기도

하고, 웅덩이 같기도 하다.

이 구멍에서 나는 소리는 계곡에서 우당탕탕거리면서 흐르는 물소리, 부르짖는 소리, 꾸짖는 소리, 숨을 들이마시는 소리, 외치는 소리, 울부짖는 소리, 깊은 곳에서 나는 소리, 소곤거리는 소리 등 각양각색의 소리가 있다. 앞에서 '우' 하면 뒤에서 '웅' 하고 화답한다. 부드러운 바람에는 작은 소리로 화답하고 거친 바람에는 큰 소리로 화답한다. 거세게 몰아치던 바람이 그치면 구멍들은 일거에 조용해진다.

너도 보지 않았느냐? 나뭇가지들이 바람에 크게 흔들리거나 가볍게 나부끼는 그 모습을 말이야."

夫大塊噫氣 其名爲風
부 대 괴 희 기 기 명 위 풍

是唯無作 作則萬竅怒呺 而獨不聞之翏翏乎?
시 유 무 작 작 즉 만 규 노 호 이 독 불 문 지 료 료 호?

山陵之畏佳 大木百圍之竅穴
산 릉 지 외 가 대 목 백 위 지 규 혈

似鼻 似口 似耳 似枅 似圈 似臼 似洼者 似汚者
사 비 사 구 사 이 사 병 사 권 사 구 사 와 자 사 오 자

激者 謞者 叱者 吸者 叫者 譹者 宎者 咬者
격 자 학 자 질 자 흡 자 규 자 호 자 요 자 교 자

前者唱于 而隨者唱喁 冷風則小和 飄風則大和
전 자 창 우 이 수 자 창 우 냉 풍 즉 소 화 표 풍 즉 대 화

厲風濟 則衆竅爲虛 而獨不見 之調調 之刁刁乎?
려 풍 제 　 즉 중 규 위 허 　 이 독 불 견 　 지 조 조 　 지 조 조 호 ?

《장자》 제물론 편

　　조선말기 실학파의 거두 연암 박지원도 《열하일기》에서 변화무쌍한 물소리를 실감나게 묘사하고 있다. 장자를 그토록 흠모했던 연암이었기에 압록강을 건너면서 제물론 편의 이 구절이 문득 떠올랐을 것이다.

　　스승의 강연을 듣고 있던 안성자유가 물었다.

　　"스승님, 인뢰와 지뢰는 쉽게 이해가 되는데 천뢰는 감이 잘 오지 않습니다. 조금 더 보충 설명해주십시오."

　　그러자 남곽자기는 이렇게 말한다.

　　"사람이나 자연이 내는 소리에는 같은 소리가 하나도 없다. 만이면 만, 전부 다 서로 다른 소리다. 하지만 그런 소리를 내게 하는 원리는 한 가지다. 성난 듯한 소리나 부르짖는 소리, 속삭이는 소리 등 모든 소리는 그것을 내게 하는 근원이 있다. 그것이 바로 천뢰다."

子游曰 地籟則衆竅是已
자 유 왈 　 지 뢰 즉 중 규 시 이

人籟則比竹是已 敢問天籟
인 뢰 즉 비 죽 시 이 　 감 문 천 뢰

子綦曰 夫天籟者

자 기 왈 부 천 뢰 자

吹萬不同 而使其自己也

취 만 부 동 이 사 기 자 기 야

咸其自取 怒者其誰邪

함 기 자 취 노 자 기 수 야

《장자》 제물론 편

　사람에게 있어 천뢰란 '내면의 소리'다. 세상의 모든 소리에 귀를
닫은 채 홀로 명상에 잠기면 내면의 소리를 들을 수 있다. 내가 잘못
을 저질렀을 때 그 소리는 '참회의 눈물을 흘리라' 하고 외치며, 내가
넘어지고 흔들릴 때는 '그게 인생이야. 다시 일어서서 앞으로 걸어
가' 하며 부드러운 목소리로 나를 위로한다. 그 소리를 듣고 내 안에
잠자고 있던 양심을 일깨울 수도 있고, 바닥에 떨어진 자존감을 다시
일으켜 세울 수도 있다.

발을 보지 말고
고개를 들어 별을 바라보라

> **"**
> 고개를 숙여 당신의 발을 내려다보지 말고
> 고개를 들어 별을 바라보라.
> **"**
>
> 스티븐 호킹

2012년, 런던패럴림픽 개막식이 열린 영국 런던올림픽 스타디움. 이날 개막식의 피날레를 장식한 인물은 스티븐 호킹이었다. 어둠 속에서 휠체어를 탄 호킹 박사가 등장하자 장내는 열광의 도가니로 변했다. 루게릭병을 딛고 세계 최고의 물리학자로 우뚝 선 호킹 박사는 모든 장애인들의 우상이었다. 사회자는 '지구상에서 가장 위대한 장애인'이라며 호킹 박사를 소개했다. 호킹 박사는 '패럴림픽은 세상에 대한 우리의 인식을 바꾸는 것'이라며 세상에는 그 어떤 표준도 없으며 장애인이든 비장애인이든 모든 인간은 평등하다고 강조했다. 그러면서 '발을 쳐다보지 말고 고개 들어 별을 보라'라고 말했다.

호킹 박사가 말한 '발'은 육체, 외형, 지구적 관점을 상징하는 단어이고, '별'은 정신, 내면, 우주적 관점을 상징하는 단어이다. 발은 차별적으로 존재하지만 별은 그렇지 않다. 발은 잘난 발과 못난 발, 장애인의 발과 비장애인의 발로 구분할 수 있지만 별은 그렇게 구분할 수 없다. 모든 별은 평등하고, 기준도 없고, 표준도 없다. 발이 아니라 별의 관점에서 볼 때 모든 인간은 평등하다. 생김새는 다를 수 있지만 본질적으로는 아무런 차이가 없다. 사람과 사람 사이의 우열이나 미추(美醜, 아름다움과 추함)란 있을 수 없다.

호킹 박사의 연설이 함축하고 있는 메시지를 가장 먼저 갈파한 사람이 바로 장자였다. 장자는 제물론 편에서 문둥이와 서시(西施, 춘추전국시대 최고의 미인)는 질적으로 아무런 차이가 없다고 말한다.

> "만물에는 그만의 존재이유가 있다. 그럴 만하기에 세상에 나오게 되었으며 그만한 가치가 있기에 존재하는 것이다. 연약한 풀 한 포기나 굵은 나무기둥이나, 문둥이나 서시(西施)나 도(道)의 입장에서 볼 때 다를 게 하나도 없다. 세상의 온갖 기괴한 것, 흉측한 것들도 마찬가지다."

物固有所然 物固有所可 無物不然 無物不可
물 고 유 소 연 물 고 유 소 가 무 물 불 연 무 물 불 가

故爲是擧莛與楹 厲與西施 恢恑憰怪 道通爲一
고 위 시 거 정 여 영 여 여 서 시 회 궤 휼 괴 도 통 위 일

《장자》제물론 편

서시는 양귀비, 초선, 왕소군과 더불어 중국의 4대 미녀로 불리는 인물이다. 이런 미인이라도 우주적 시각에서 보면 문둥이(厲 려)와 아무런 차이가 없다는 것이 장자의 생각이다. 미추의 구분에 익숙한 우리의 상식에 비추어볼 때 도저히 납득할 수 없는 발상이다. 하지만 우리가 자연 질서의 기준으로 삼는 태양도 우주에서는 아주 작은 점 하나에 불과하다는 사실을 떠올리면 충분히 공감 가는 이야기다. 우주에서는 모든 존재가 평등하며 우열의 구분이 있을 수 없다. 호킹 박사가 《장자》를 읽었는지는 알 수 없지만 두 사람의 물리관, 우주관은 정확하게 일치한다.

　원문에 나오는 '恢恑憰怪(회궤휼괴)'라는 단어도 유심히 볼 필요가 있다. 세상의 모든 기괴한 것, 흉측한 것, 괴상망측한 것을 표현하는 단어인데 공통점 하나가 있다. 네 글자 모두 마음을 나타내는 '심방변(忄)'으로 구성되어 있다는 점이다.

　우리가 말하는 장애, 비정상, 흉측한 괴물 같은 것들은 모두 마음의 조화다. 마음속에서 이런 것들을 아무런 편견 없이 존재 그 자체로 받아들이면 두려워하거나 배척할 이유가 없다. 비뚤게 보이는 것은 사물 자체가 비뚤어진 것이 아니라 내 마음이 비뚤어진 것이며, 기괴하게 보이는 것도 사물의 속성이 그런 것이 아니라 내 마음이 두려움으로 가득 차 있기 때문이다.

　장자는 미추의 구분에서 자유롭고, 세상을 편견 없이 바라보기 위해서는 내 마음속에 '지도리(樞 추)'를 갖추어야 한다고 말한다. '지도리'는 문을 열고 닫을 수 있도록 문설주에 박아 놓은 쇠 구조물로써 돌쩌귀라고도 한다. 지도리는 특별한 짝이 없다. 문고리, 문지방, 문짝 등 문의 모든 구조물들이 지도리의 짝이다. 특별히 더 중요한 것도 없고, 특별히 덜 중요한 것도 없다. 모두가 평등하며 균일한 가치를 갖는다.

"과연 이것과 저것의 구분은 있는가? 아니면 이것과 저것의 구분은 없는 것인가? 이것과 저것이 상대적인 짝을 얻지 못하는 것을 도(道)의 지도리(樞 추)라고 한다. 지도리가 고리의 중심을 차지하게 되면 무한함에 호응하게 된다. 옳은 것이나 그른 것이나 모두 무한함의 한 부분이다. 그래서 이르기를 밝은 이치를 깨닫는 것보다 더 좋은 것은 없다고 하는 것이다."

果且有彼是乎哉? 果且無彼是乎哉?
과 차 유 피 시 호 재 ? 과 차 무 피 시 호 재 ?

彼是莫得其偶 謂之道樞 樞始得其環中 以應無窮
피 시 막 득 기 우 위 지 도 추 추 시 득 기 환 중 이 응 무 궁

是亦一無窮 非亦一無窮也 故曰 莫若以明
시 역 일 무 궁 비 역 일 무 궁 야 고 왈 막 약 이 명

《장자》 제물론 편

세상에는 60억 명의 사람이 살고 있다. 그들 모두는 저마다의 별을 갖고 있다. 그 별은 약간의 밝기 차이가 있을 뿐 모두 대동소이하다. 크게 잘난 별도 없고 크게 못난 별도 없다.

자존감이 흔들릴 때 발을 보지 말고 고개를 들어 별을 바라보라.

내 마음의 눈에 들어오는 별은 뭇 별들 중 하나에 불과하지만 나에게
는 무엇과도 바꿀 수 없는 소중한 나만의 별이다. 별을 담은 눈으로
다시 내 발을 보면 이전의 발과 다르게 보일 것이다. 울퉁불퉁해도
사랑스럽고, 흙탕물에 젖어 더러울 때도 사랑스럽다. 왜? 나의 발이
니까.

사소한 것에서
자존감이 갈린다

"

주변의 사소한 것들에 보석이 숨어 있다.

""

티나 실리그, 《스무 살에 알았더라면 좋았을 것들》

살다보면 별것 아닌 일에 흥분하기도 하고, 사소한 시빗거리가 큰 싸움이 되는 일이 왕왕 생긴다. 주차문제, 층간 소음이나 흡연 문제 등 이웃 간에 벌어지는 분쟁들이 대부분 그렇다.

집안에서 발생하는 갈등도 비슷하다. '5분만 일찍 일어나면 허둥대지 않을 텐데 그게 그렇게 안 되냐', '옷 벗어놓을 때 제발 좀 아무데나 획획 던져놓지 마라' 등등 별것 아닌 일에 대한 부부 간, 부모 자식 간의 갈등이 끊이질 않는다.

하지만 사람이 살아가는 삶의 본질을 생각하면 사소한 것들이라고 해서 결코 사소하지만은 않다. 사람의 일생은 큰일의 연속이 아니라 작은 일의 연속이다. 교통사고를 당해 병원에 입원을 한다든지, 승진을 한다든지 하는 큰일은 일생 동안 몇 번 일어나지 않는다. 나머지는 밥 먹고, 출근하고, 일하고, 모임에 나가서 친구들을 만나고 하는 등 늘 똑같은 일상의 반복이다.

  행복이나 자존감도 큰일보다는 사소한 일에서 갈리는 경우가 많다. 장자는 세상사의 이러한 평범한 진리를 정확하게 간파하고 있다.

  송나라에 저공이라는 사람이 있었는데 원숭이를 키우는 일이 직업이었다. 원숭이들의 주식은 도토리였는데 저공은 하루에 7개의 도토리를 원숭이들에게 주었다. 어느 날 저공이 원숭이들에게 말했다.

  "내일부터는 도토리를 아침에 세 개, 저녁에 네 개 주도록 하마."

  이에 원숭이들이 화를 내며 항의를 하자 저공은 이렇게 말을 바꾸었다.

  "그러면 아침에 네 개, 저녁에 세 개를 주마."

  그러자 원숭이들은 환호성을 지르며 기뻐했다.

  狙公賦芋曰 朝三而暮四 衆狙皆怒
  저 공 부 서 왈 조 삼 이 모 사 중 저 개 노

  曰然則朝四而暮三 衆狙皆悅
  왈 연 칙 조 사 이 모 삼 중 저 개 열

  《장자》 제물론 편

잘 알려진 조삼모사(朝三暮四)에 관한 우화다. 조삼모사는 흔히 얕은 꾀를 상징하는 고사성어로 인용되지만 《장자》에 나오는 원문을 보면 반드시 그런 의미로만 읽히지는 않는다. 원숭이들에게 주는 일곱 개의 도토리를 산술적으로 평균하면 세 개 반이 된다. 따라서 한 개도 아닌 반 개 차이로 분노와 기쁨이 갈린다. 한 개도 아닌 도토리 반 개의 사소함으로 지옥을 천당으로 만들 수 있다면 이만큼 탁월한 전략이 어디 있겠는가?

장자는 이러한 경지를 '천균(天均)' 혹은 '양행(兩行)'이라고 부른다. '천하를 감동시킬 만한 균형감각' 혹은 '양쪽을 모두 만족시키는 절묘한 방법'쯤으로 보면 되겠다. 도(道)는 어렵고 복잡하고 심오한 일에 있는 것이 아니라 간단하고 사소하고 평범한 일에 있다.

조너선 스위프트의 《걸리버 여행기》에는 계란을 먹을 때 둥근 쪽을 깨 먹는 사람들과 뾰족한 쪽을 깨 먹는 사람들이 서로 편을 나누어 치열하게 싸우는 이야기가 나온다. 이 나라에서는 급기야 이런 사소한 차이로 인해 내란이 발생해서 정권이 몇 차례 바뀌고, 이 싸움에서 패한 사람들은 해외로 망명까지 하게 된다.

사소한 것들은 결코 사소하지 않다. 《걸리버 여행기》도 《장자》만큼 허풍이 센 우화다. 그럼에도 불구하고 고전으로 꾸준히 읽히는 까닭은 인간사회의 실상을 거울처럼 잘 비춰주기 때문일 것이다. 오늘날에도 사소한 습관 하나의 차이 때문에 많은 사람들이 서로 다투고 폭력을 휘두르고 증오하고 헤어지지 않는가? 그리고 나서 돌아서면 또 후회를 하니 장자의 말처럼 참으로 인간이란 어리석은 동물이다.

시비를 가리되
핵심만 따져라

> **❝**
>
> 화가 난다는 건 누구의 잘못이 아니라 내가 옳고 네가 틀렸다는
> 내 분별심 때문이라고 할 수 있습니다. 사사건건 옳고 그름을
> 가르려는 습관이 내 안의 도화선에 자꾸만 불을 댕기는 겁니다.
>
> **❞**
>
> 법륜,《법륜스님의 행복》

부부 사이의 취향 차이는 결혼생활을 오래 지속해도 크게 바뀌지 않는다. 현관에서 신발 벗어두는 습관, 치약 짜는 습관, 아침에 일어나고 저녁에 자는 시간대 등 대부분의 습관에서 차이가 있게 마련이다.

먹는 음식에도 취향 차이가 존재하지만 그 격차는 시간이 지나면서 많이 줄어든다. 하지만 이것도 자발적인 의지나 배려심으로 그 차이가 줄어드는 경우는 거의 없다. 아내나 남편 가운데 요리를 담당하는 쪽에다 입맛을 맞출 수밖에 없기 때문에 자연스럽게 그 차이가 줄어드는 것이다.

결혼 초기에 서로의 취향 차이를 슬기롭게 극복하지 못하면 결혼 생활이 원만하게 유지되기 힘들다. 갈등이 심해지면 갈라서는 경우도 생긴다. 취향 차이를 극복하는 가장 현명한 방법은 서로의 차이에 대해 시시콜콜 따지지 않는 것이다. 나와 다른 행태를 보이는 상대가 눈에 거슬리면 누구나 시비를 따지고 싶어진다. 그 마음까지도 억제할 수는 없다.

그런데 그때부터가 중요하다. 시비를 따지되 '졸가리(사물의 군더더기를 떼어 낸 나머지의 골자)만 따지는 자세'가 중요하다. 미세한 부분까지 이러쿵저러쿵 따지다보면 십중팔구 서로의 자존심에 상처를 주게 되고 그로 인해 관계에 금이 가게 마련이다. 장자는 이렇게 '시비(是非)를 드러내는 태도가 도(道)를 훼손시키는 지름길'이라고 말한다.

> "가장 현명한 사람은 애당초 만물 자체가 없었다고 여긴다. 그것이 가장 지극한 도의 경지다. 그 다음으로는 사물이 있었다고는 여기되 그 경계가 없었다고 여기는 것이다. 그 다음은 경계가 있었다고는 여기되 시비가 없었다고 여기는 것이다. 시비를 드러내는 것은 곧 도를 훼손시키는 것이다."

有以爲未始有物者 至矣盡矣 弗可以加矣
유 이 위 미 시 유 물 자   지 의 진 의   불 가 이 가 의

其次以爲有物矣 而未始有封也 其次以爲有封焉
기 차 이 위 유 물 의   이 미 시 유 봉 야   기 차 이 위 유 봉 언

而未始有是非也　是非之彰也　道之所以虧也
이 미 시 유 시 비 야　시 비 지 창 야　도 지 소 이 휴 야

《장자》 제물론 편

장자가 말하는 '도(道)'를 인격체로서의 사람에게 적용하면 '자존감'이라고 바꿔 부를 수 있다. 세상을 세상답게 하는 것이 도라면 사람을 사람답게 하는 것은 자존감이기 때문이다. 자존감을 온전하게 지키려면 시비 자체를 멀리하라는 것이 장자 식 자존감 수업이다. 하지만 세상을 살다보면 불가피하게 시빗거리가 생길 수밖에 없기 때문에 장자의 가르침을 곧이곧대로 삶에 적용하기는 어렵다. 이런 현실을 반영해 장자의 가르침을 다음과 같은 금언으로 바꿔볼 수 있다.

'시비를 가리되 줄거리만 따져라.'

이렇게만 해도 많은 경우 갈등과 분쟁을 줄일 수 있다. 특히 부부 사이라면 이 금언만 잘 지켜도 5년 갈 결혼생활이 50년까지 갈 수 있다.

지나친 자기자랑이
자존감을 훼손시킨다

> **"**
> 너는 내일 일을 자랑하지 말라. 하루 동안에 무슨 일이 일어날는지
> 네가 알 수 없음이니라. 타인이 너를 칭찬하게 하고 네 입으로는 하지 말며
> 의인이 너를 칭찬하게 하고 네 입술로는 하지 말지니라.
> **"**
>
> 《구약성경》 잠언 27장 1~2절

　　한때 '억울하면 출세하라'라는 말이 유행했었다. 출세란 문자 그대로 자신을 세상에 드러내는 것이다. 높은 자리에 올라서 이름이 세상에 알려지고, 좋은 일을 해서 이름이 알려지는 것은 자연스러운 일이다. 이를 두고 '자랑한다'라고 하지는 않는다. 자랑은 자신의 이름과 선행이 타인이나 매체에 의해 공중에게 자연스럽게 알려지는 것이 아니라, 자신의 이름이나 선행을 스스로 드러내는 행위를 말한다. 요즘에는 사회관계망서비스(SNS)가 발달해 누구든 쉽게 이런 자랑을 할 수 있다.

　　남들에게 인정받고 싶은 욕구는 사람이라면 누구에게나 있는 자

연스러운 감정이다. 소통의 차원에서 지인들에게 자신의 근황을 알리고, 좋은 글을 공유하기 위해 퍼 나르고 하는 행위들을 자랑한다고 말할 사람은 아무도 없다.

문제는 도를 지나치는 경우다. 드러내놓고 자신의 업적을 자랑한다거나 선행을 포장해서 발표하는 행위들은 대중에게 표를 얻어야 하는 정치인들이나 시장에 물건을 내다 팔아야 하는 기업들에게는 정도(正道)를 벗어나지만 않는다면 웬만큼 다 허용된다.

하지만 일반인들이 그러는 것은 마냥 좋은 감정으로만 받아들이기 어렵다. 모임에 나와 한 시간 내내 자기 자랑을 늘어놓는 사람을 보면 마음속으로 이런 생각이 든다.

'안물', '안궁'

장자는 이렇게 스스로를 자랑하는 행위를 어리석다고 말한다.

> "소문이 거문고를 타는 것과 사광이 북채를 잡고 연주를 하는 것과 혜자가 책상에 기대 담론하는 것들은 모두 훌륭하다. 세 사람의 재능과 지혜는 지극하다. 그래서 후세에까지 이름이 알려지고 있다.
> 하지만 문제는 그들이 자랑했다는 것이다. 세 사람은 남들보다 자신이 뛰어나다는 점을 세상에 드러냈다. 자랑하지 말아야 할 것을 자랑함으로써 지혜로움이 어리석음으로 끝나고 말았다."

> 昭文之鼓琴也 師曠之枝策也 惠子之據梧也
> 소 문 지 고 금 야 사 광 지 지 책 야 혜 자 지 거 오 야

三子之知 幾乎皆其盛者也 故載之末年
삼 자 지 지 기 호 개 기 성 자 야 고 재 지 말 년

唯其好之也 以異於彼 其好之也 欲以明之彼
유 기 호 지 야 이 이 어 피 기 호 지 야 욕 이 명 지 피

非所明而明之 故以堅白之昧終
비 소 명 이 명 지 고 이 견 백 지 매 종

《장자》 제물론 편

소문은 거문고의 대가이고, 사광은 춘추전국시대 진(晉)나라의 유명한 악사였으며, 혜자는 장자의 친구이면서 세상이 알아주는 사상가였다. 세 사람 모두 출세한 사람들이다. 하지만 장자는 이들이 자신들의 이름을 세상에 드러내고 싶은 욕망을 감추지 못했다며 부정적으로 평가한다.

빌 게이츠의 롤 모델이었던 억만장자 척 피니는 이렇게 말했다.

"자랑하지 마라. 받은 이의 부담을 덜어주고 싶다면 절대 자랑하지 마라."

성경에 나오는 선지자들도 한 목소리로 자랑하지 말라고 가르친다. 예수는 '오른손이 하는 일을 왼손이 모르게 하라'라고 말한다. 좋은 일을 했는데 남들이 알아주지 않으면 조금 서운한 마음이 들 수도 있다. 그렇다고 그런 일들을 스스로 드러내놓고 자랑을 하는 태도는 그 선행의 의미를 퇴색시킬 뿐만 아니라 자존감을 스스로 훼손시키는 어리석은 일이 된다.

사람들을 감동시키는 선행은 굳이 떠들지 않아도 주머니 속 송곳

이 삐져나오듯 자연스럽게 알려진다. 특히 요즘 같이 사회관계망서비스(SNS)가 발달한 시대에는 더욱 더 그렇다. 스스로 드러내는 것보다는 남들에 의해 알려지는 것이 선행을 더 돋보이게 할 수 있다.

사랑이 변하지 않으면
이루어지지 않는다

> **"**
> 사랑이 두려운 것은 사랑이 깨지는 것보다
> 사랑이 변하는 것이다.
> **"**
>
> 니체

청춘에게 가장 행복한 순간은 연애를 할 때다. 사랑하는 사람과 함께 밥을 먹고, 커피를 마시고, 영화를 보고, 여행을 가고, 미래를 설계하는 때보다 설레는 시간은 없다. 사랑할 때는 세상 모든 것을 가진 것 같고, 사랑하는 사람과 함께 있으면 세상의 모든 것이 사라져도 괜찮을 것 같다. 하지만 사랑에도 기술이 필요하다. 오랜 시간 사랑을 지속시키기 위해서는 기다릴 줄 아는 끈기도, 밀당하는 기술도 필요하다. 더 중요한 것은 사랑도 움직이는 생물이라는 사실을 깨달아야 한다. 이를 인정하지 않으면 자존감에 큰 상처를 받을 수 있다.

한 자리에 머무르는 사랑은 없다. 봄날처럼 늘 따뜻한 사랑도 없다.

봄이 가면 여름이 오듯이 청춘의 사랑도 세월이 가면서 변하게 마련이다. 이러한 당연한 이치를 밀쳐두고 사람들은 '네가 그럴 줄 몰랐다', '어떻게 그렇게 변할 수 있냐' 하며 원망하고, 좌절하고, 아파한다. 하지만 장자는 '사랑이 변하지 않으면 이루어지지 않는다'라고 말한다. 우리의 상식과는 반대되는 이야기다.

"무릇 큰 도는 스스로를 도라 칭하지 않으며, 크게 말을 잘하는 사람은 자신의 언변을 드러내지 않는다. 크게 사랑하는 사람은 사랑을 감추는 듯하고, 크게 청렴한 사람은 청렴하지 않은 듯한다. 큰 용기는 자신을 뽐내지 않는다. 도란 드러내는 순간 도가 아니게 되며 말이란 쏟는 순간 말을 떠나게 된다. 사랑이 늘 고정되어 있으면 이룰 수가 없고, 청렴함이 청렴함으로만 머물면 믿음을 주지 못한다. 용기는 자신을 뽐내는 순간 아무것도 성취할 수 없게 된다. 도와 말, 사랑, 청렴, 용기 이 다섯 가지는 원래 둥근 모양인데 한 자리에 머물기만 하면 네모가 된다."

夫大道不稱 大辯不言 大仁不仁 大廉不嗛 大勇不忮
부 대 도 불 칭 대 변 불 언 대 인 불 인 대 렴 불 겸 대 용 불 기

道昭而不道 言辯而不及 仁常而不成 廉淸而不信
도 소 이 불 도 언 변 이 불 급 인 상 이 불 성 염 청 이 불 신

勇忮而不成 伍者圓而幾向方矣
용 기 이 불 성 오 자 원 이 기 향 방 의

《장자》 제물론 편

주머니 속의 공깃돌은 내가 마음대로 이리저리 옮길 수 있다. 왼쪽 주머니에 있던 공깃돌을 오른쪽 주머니로 옮기는 것은 내 마음이다. 지갑 속의 돈 또한 내가 필요할 때마다 꺼내 쓸 수 있다. 내 소유물이기 때문에 처분도 내 자유재량에 달려 있다.

하지만 사랑하는 사람은 나의 소유물이 아니다. 따라서 내 마음대로 사용할 수 없다. 그걸 내 마음대로 하겠다고 나서는 순간 사랑은 사랑이 아니라 '구속'이 된다. 자유롭게 움직이는 사랑을 꼭 붙잡아 두려는 순간 그 사랑은 떠나게 된다. 그래서 장자는 '사랑이 고정되어 있으면 이룰 수 없다'라고 말한다. 둥근 것이 사랑의 본성인데 그것을 고정시키려고 하면 둥근 것이 네모로 바뀐다고 말한다. 본질이 왜곡된다는 의미다.

사랑은 사람을 좋아하는 감정이다. 사람은 자라고, 변하고, 움직인다. 한 자리에 그대로 있는 사람은 사람이 아니라 돌이다. 사람을 사랑한다면 그의 움직임과 변화, 성장도 함께 사랑해야 한다. 내가 좋아하던 그 모습만 고집한다면 사랑이 오래갈 수 없다. 결국은 깨진다. 사랑을 잃으면 자존감도 잃는다.

'사랑은 움직이는 것'

자존감을 잃지 않고 오래오래 사랑을 할 수 있는 가장 좋은 비결은 이 평범한 진리를 최대한 일찍 터득하는 데 있다.

이해관계에
초연해져라

> 지혜로운 자는 이로움(利)과 해로움(害)을 동시에 고려하기 때문에
> 이로움에도 해로움이 섞여 있고 해로움에도 이로움이 섞여 있음을 안다.
>
> 《손자병법》

이해를 따지지 않고 세상을 살 수는 없다. 상인은 한 푼이라도 더 남기려 하고, 소비자는 십 원짜리 하나라도 아끼려 하는 것이 인지상정이다. 하지만 지나치게 이해를 따지다보면 세상살이가 너무 팍팍해진다. 세상 이해가 자기 뜻대로 관철될 리가 없으니 너무 따지다보면 실속도 없이 괜히 자존감만 상하고 만다. 그래서《논어》에서는 '이해를 앞세우면 원망이 많아진다(放於利而行 多怨 방어리이행 다원)'라는 말로 그런 태도를 경계하고 있다.

이해관계의 속성에는 '주고받는 행위'가 내포되어 있다. 받은 것이 있으면 그에 비례해서 돌려주는 것이 우리 사회의 통념이고 관례다.

명절에 지인에게서 선물을 받고 답례를 하지 않으면 왠지 빚을 진 것 같은 기분이 드는 까닭은 그 선물이 순수한 무상(無償)이 아니기 때문이다. 원망을 남기지 않고 마음 편히 살려면 안 받고 안 주는 것이 최선이다. 하지만 그런 삶은 물고기가 물을 떠나 사는 것만큼 어렵다. 로빈슨 크루소가 아닌 이상 그렇게 살 수는 없다. 그러니 가장 현실적인 방책은 주고받더라도 그것을 마음속에 담아두지 않도록 자신을 다스리는 것, 즉 '이해관계에서 초연해지는 것'이다. 장자가 제시하는 해법도 이와 같다.

어느 날 설결이 스승인 왕예에게 물었다.

"선생님께서는 이해를 알지 못하는데 원래 지인(至人)은 이해를 알지 못합니까?"

이에 왕예가 대답했다.

"지인은 신묘하다. 큰 늪이 불에 타도 그를 뜨겁게 할 수 없으며 강을 꽁꽁 얼어붙게 하는 추위도 그를 떨게 할 수 없다. 바다를 집어삼킬 것 같은 천둥번개와 폭풍우도 그를 놀라게 할 수 없다. 그런 사람은 구름을 타고 해와 달을 부리면서 사해 밖에서 노닌다. 삶과 죽음 앞에서도 흔들리지 않는다. 하물며 자잘한 이해관계에 흔들리겠느냐?"

齧缺曰 子不知利害 則至人固不知利害乎?

설 결 왈 자 부 지 리 해 즉 지 인 고 부 지 리 해 호 ?

王倪曰 至人神矣 大澤焚 而不能熱
왕 예 왈 지 인 신 의 대 택 분 이 불 능 열

河漢沍 而不能寒 疾雷破山 風振海 而不能驚
하 한 호 이 불 능 한 질 뢰 파 산 풍 진 해 이 불 능 경

若然者 乘雲氣 騎日月 而遊乎四海之外
약 연 자 승 운 기 기 일 월 이 유 호 사 해 지 외

死生無變於己 而况利害之端乎?
사 생 무 변 어 기 이 황 리 해 지 단 호 ?

《장자》 제물론 편

불, 강추위, 천둥번개, 폭풍우, 죽음은 우리가 살아가면서 부딪히는 난관이나 역경을 상징한다. 이런 일을 꿋꿋하게 감당할 수 있는 심지를 갖고 있으면 이해관계 정도는 초월해서 살 수 있다는 것이 장자의 가르침이다. 이해관계란 삶의 본류가 아니라 자잘한 것, '말단'이기 때문이다.

사마천은 《사기》 진여장이열전(陳餘張耳列傳)에서 이해관계를 따지는 교제를 '세리교(勢利交)'라고 말한다. 진여와 장이는 목숨을 내놓을 수 있을 정도로 절친한 사이였지만 큰 벼슬을 하면서부터 갈라져서 결국은 서로를 물어뜯는 철천지원수가 되었다. 이런 현상은 지금도 우리 주변에서 많이 일어난다. 세월이 흐른다고 인간의 본성이 바뀌지는 않기 때문이다.

인간관계는 난로처럼 멀지도 가깝지도 않게 적당한 거리를 유지하는 것이 가장 이상적이다. 난로를 너무 가까이서 쬐면 손을 델 수

있듯이 사람을 간이라도 빼줄 듯이 가깝게 사귀면 훗날 큰 상처를
받을 수 있다.

실패를 마음에
담아두지 마라

"

흐르는 것은 흘러가게 놔둬라. 바람도 담아두면 나를 흔들 때가 있고 햇살도
담아두면 마음을 새까맣게 태울 때가 있다. 아무리 영롱한 이슬도 마음에 담으면
눈물이 되고 아무리 이쁜 사랑도 지나고 나면 상처가 되니 그냥 흘러가게 놔둬라.

"

이근대, 《꽃은 바람에 흔들리면서 핀다》

자면서 꿈을 꾸지 않는 사람은 없다. 다만 기억하지 못할
뿐이다. 꿈은 무의식의 바다에서 이루어지는 일이라 깊은 잠에 빠져
있을 때 꾸는 꿈은 의식 속에 남지 않는다. 그래서 기억하지 못한다.
그러다가 새벽녘에 소변이 마려워 신체가 일어나야 한다는 신호를
보내면 그때부터 대략 2~3분 정도의 꿈이 기억에 또렷하다. 프로이
트에 의하면 우리는 꿈을 꿈으로써 마음속의 욕망을 실현시킨다. 그
것을 해소하지 못하고 묵혀두면 병이 되기도 한다. 그래서 꿈은 우리
의 정신 건강을 지켜주는 파수꾼이다.

현실과 싱크로율이 100퍼센트에 가까운 꿈이 있는가 하면, 꿈에서

겪었던 일이 현실에 그대로 나타나 소름끼치게 하는 경우도 있다. 현실이란 내 의지대로 내 욕망을 실현시키는 과정이고, 꿈은 내 의지가 하지 못하는 욕망의 실현을 무의식이 대신해주는 것이기 때문에 욕망의 발산이라는 점에서는 꿈이나 현실이나 같다.

　장자의 사상은 우주류다. 우주의 특징은 경계가 없다는 것이다. 장자는 삶과 죽음, 옳고 그름, 아름다움과 추함, 신분의 높고 낮음의 구분은 아무 의미가 없다고 말한다. 꿈과 현실도 마찬가지다. 둘의 구분은 무의미하다. 장자에 의하면 꿈이 곧 현실이고, 현실이 곧 꿈이다.

"꿈에서 술을 마시던 사람이 아침에 깨어나 펑펑 울기도 하고, 꿈에서 펑펑 울던 사람이 아침에 깨어나 사냥하러 가기도 한다. 꿈을 꿀 때는 그것이 꿈인지 모르고, 꿈속에서 그 꿈을 해몽하기도 하다가 깨고 난 후 비로소 그것이 꿈인 줄 안다. 크게 깨달음을 얻고 난 후에 그것이 한바탕 꿈이었음을 안다. 어리석은 사람들은 스스로 깨어 있다고 여겨 으스대며 아는 체를 하고 임금이니 목동이니 하면서 신분을 구분하니 참으로 한심하도다."

夢飮酒者 旦而哭泣 夢哭泣者 旦而田獵
몽 음 주 자　단 이 곡 읍　몽 곡 읍 자　단 이 전 렵

方其夢也 不知其夢也 夢之中又占其夢焉
방 기 몽 야　부 지 기 몽 야　몽 지 중 우 점 기 몽 언

覺而後知其夢也 且有大覺而後知此其大夢也
각 이 후 지 기 몽 야　차 유 대 각 이 후 지 차 기 대 몽 야

而愚者自以爲覺 竊竊然知之 君乎牧乎固哉
이 우 자 자 이 위 각 절 절 연 지 지 군 호 목 호 고 재

자존감이 크게 떨어지는 일을 당했을 때 그 일을 계속 마음속에 담아두면 건강을 해칠 수 있다. 그러니 '한바탕 꿈이었다' 하고 생각하면서 툴툴 털어버리는 것이 좋다.

니코스 카잔차키스의 《그리스인 조르바》에 나오는 주인공인 '나'는 우연히 선술집에서 만난 조르바와 함께 광산사업에 손을 댄다. 한밑천 장만해서 그것을 종자돈 삼아 사회주의 공동체를 건설하는 것이 그의 꿈이다. 조르바가 광산 경영을 하는 사이 주인공은 책, 원고와 씨름하면서 삶의 의미에 대한 철학적 고민의 끈을 놓지 못한다. 그러다가 광산이 쫄딱 망한 후 모든 것을 놓아버리고 조르바와 함께 크레타 바닷가에서 덩실덩실 춤을 춘다. 모든 것을 내려놓은 그때 비로소 주인공은 그를 괴롭히던 고민에서 해방되고 진정한 자존감을 얻는다.

인생은 일장춘몽(一場春夢)이라고 했다. 살아온 긴 세월을 돌이켜보면 모든 것이 꿈만 같아 보인다. 인생의 종착역이 아니라 간이역에서 돌이켜보아도 꿈이기는 매한가지다. 아등바등할 필요가 없다. '이럴 수는 없어' 하면서 꽉 붙잡을 것이 아니라 '어제 밤 꿈 한 번 잘못 꾸었다' 하고 생각하면서 놓아버리면 마음이 편해진다. 그러다보면 나도 모르게 막혀 있던 일이 술술 더 잘 풀릴 수도 있다.

묵묵히 들어주는 것이 최선이다

> ❝
> 모모는 어리석은 사람이 갑자기 아주 사려 깊은 생각을 할 수 있게끔
> 귀 기울여 들을 줄 알았다. 상대방이 그런 생각을 하게끔 무슨 말이나 질문을
> 해서가 아니라 관심을 가지고 그 사람을 말끄러미 바라볼 뿐이었다. 그러면
> 그 사람은 자신도 깜짝 놀랄 만큼 지혜로운 생각을 떠올리는 것이었다.
> ❞
>
> 미하엘 엔데, 《모모》

'해는 동쪽에서 뜨고 서쪽으로 진다.' 우리는 교과서에서 이 명제를 배웠기 때문에 누구나 이것을 당연한 진리로 생각한다. 하지만 사실이 아니다. 우주에서 볼 때 동쪽과 서쪽이란 없다. 그러면 어떻게 말하는 것이 옳은가?

'지구는 태양의 주위를 돈다.'

이것이 옳다. 돌다가 태양과 마주하면 해가 뜬 것처럼 보이고, 뒤로 숨으면 해가 진 것처럼 보일 뿐이다. 지구에서 적용되는 모든 물리법칙을 우주로 확장하면 법칙이 아니라 우연적 일치에 지나지 않는다. 아인슈타인의 말처럼 우주에서는 절대적인 좌표가 없기 때문이다.

물리법칙도 이럴진대 하물며 사람들 사이에서 벌어지는 논쟁이야 말할 필요가 있을까. 논쟁을 통해 옳고 그름을 판별하기는 불가능하다. 참여하는 사람들 각자의 생각을 명료하게 드러내고, 상대방으로 하여금 '아, 저런 생각도 있구나' 하는 생각만 들게 해도 논쟁은 성공적이다. '그래, 저 사람 말을 듣고 보니 내 생각이 틀렸구나. 내 생각을 바꿔야지' 하고 어느 일방이 상대에게 승복하는 방향으로 논쟁을 종결짓기는 불가능하다. 장자는 일찍이 논쟁의 이런 속성을 간파했다.

"두 사람이 논쟁을 할 때 상대가 나를 이기고 내가 진다면 과연 상대가 옳고 내가 그른 것인가. 내가 상대를 이기면 내가 옳고 상대는 그른 것인가. 누가 옳고 누가 그른 것인가. 아니면 둘 다 옳거나 둘 다 그른 것인가. 나도 모르고 상대도 모른다. 제3자도 당연히 모를 것이다.

그럼 누구로 하여금 옳고 그름을 판별케 할 것인가. 만일 상대와 생각이 같은 사람으로 하여금 판별케 한다면 그 사람 또한 상대와 같은 입장일 테니 바로잡는 것은 불가능하다. 내 생각과 같은 사람에게 맡기는 것도 결과는 마찬가지다. (중략) 나이를 잊고 옳음을 잊어 무한한 지경(우주)으로 뻗어나가 그것에 맡길 따름이다."

旣使我與若辯矣 若勝我 我不若勝 若果是也
기 사 아 여 약 변 의 약 승 아 아 불 약 승 약 과 시 야

我果非也邪 我勝若 若不吾勝 我果是也
아 과 비 야 야 아 승 약 약 불 오 승 아 과 시 야

而果非也邪 其或是也 其或非也邪
이 과 비 야 야   기 혹 시 야   기 혹 비 야 야

其俱是也 其俱非也邪 我與若不能相知也
기 구 시 야   기 구 비 야 야   아 여 약 불 능 상 지 야

則人固受其黮闇 吾誰使正之 使同乎若者正之
즉 인 고 수 기 담 암   오 수 사 정 지   사 동 호 약 자 정 지

旣與若同矣 惡能正之 使同乎我者正之
기 여 약 동 의   오 능 정 지   사 동 호 아 자 정 지

旣同乎我矣 惡能正之 使異乎我與若者正之
기 동 호 아 의   오 능 정 지   사 이 호 아 여 약 자 정 지

旣異乎我與若矣 惡能正之 (중략) 忘年忘義
기 이 호 아 여 약 의   오 능 정 지 (중 략)   망 년 망 의

振於無竟 故寓諸無竟
진 어 무 경   고 우 제 무 경

《장자》 제물론 편

나름의 규칙이 정해진 논쟁에서도 옳고 그름을 판별하기 어려운데 그런 규칙조차 없이 진행되는 두 사람 사이의 말다툼은 어떨까? 이때는 말을 할수록 언성만 높아지고 감정만 상하기 십상이다. 일상생활을 하면서 우리가 부딪히는 대부분의 의견충돌이 그렇다. 나와 다른 생각을 가진 사람과 말싸움을 해보아야 득이 될 것이 하나도 없다.

최선은 '묵묵히 듣는 것'이다. 장자는 이를 '망년망의(忘年忘義)'라고 한다. 나이가 많고 적음, 옳고 그름을 초월해서 자연의 흐름에 모든

것을 맡긴다는 의미다. 내가 몇 살인지, 세월의 흐름조차 잊는다면 그 밖에 소소한 차이들은 쉽게 초월할 수 있게 된다. 그러면 옳고 그름에 관한 시비도 자연스럽게 초월할 수 있다.

미하엘 엔데의 《모모》는 장자에 나오는 '망각함으로써 자유를 얻는 경지'를 소설로 풀어낸 작품이다. 모모는 이웃 간에 분쟁이 있을 때 달려가 해결해준다. 하지만 모모가 하는 일은 아무것도 없다. 그냥 두 사람의 말을 묵묵히 들어줄 뿐이다. 그런데도 모모가 가면 분쟁은 끝이 난다.

누구의 말이 옳다고 하면 그 사람의 편을 들어주는 것이기 때문에 분쟁을 키울 수 있다. 가만히 듣는다는 것은 옳고 그름에 대한 판별을 유보하고 시비 자체를 망각하는 행위다. 우주에 경계가 없듯이 말에 옳고 그름의 경계를 두지 않으면 옳고 그름을 따지는 분쟁 자체가 소멸되는 것이다.

의견이 다른 사람과 언쟁을 할 때 나의 옳음을 입증하기 위해 말에 말을 보태다보면 괜히 자존감만 더 상하게 된다. 그런 때는 망년망의가 자존감을 지켜주는 좋은 무기가 된다.

잘할 수 있는 일을
직업으로 삼아라

사람이 가진 강점이야말로 진정한 기회이다. 약점을 바탕으로
생산성을 향상시킬 수는 없다. 높은 결과를 얻기 위해서는 이용 가능한
모든 자기의 강점을 활용해야 한다.

피터 드러커

직업 선택은 자존감에 큰 영향을 미친다. 자신이 좋아하고 잘할 수 있는 일을 직업으로 선택하면 매사가 행복하고 자존감도 높아진다. 반면 적성에 맞지 않은 일을 마지못해 하는 사람은 자존감이 낮다. 적성에 맞지 않으면 자신이 맡은 업무에 최선을 다하지 않게 되고, 능률도 떨어지게 되고, 그러다보면 조직 내에서의 평가도 좋을 수 없으며 결국 자존감을 떨어뜨리는 요인으로 작용한다.

일이 몸에 맞아 능수능란하게 처리하는 사람은 일 자체를 즐긴다. 따라서 일이 스트레스를 주는 요인이 아니라 자존감을 높이는 요인으로 작용한다. 일의 종류나 직위는 중요하지 않다. 일 자체에서 느끼

는 만족감이 자존감을 결정한다. 《장자》에 나오는 포정(庖丁)이 이런 인물이다.

포정의 직업은 소를 잡는 백정이다. 위나라 문혜군이 포정의 명성을 듣고 그를 초청해 궁궐에서 소를 잡도록 했다. 포정이 소를 잡는데 손이 가는 곳과 어깨가 기대는 곳과 발이 밟는 곳과 무릎이 대는 곳이 칼을 놀릴 때마다 획획 소리가 났다. 그 소리가 마치 음악과 춤의 자연스러운 리듬과 같았다. 문혜군이 훌륭하다고 칭찬하면서 어떻게 그런 기술을 연마했는지 물었다. 이에 포정이 대답했다.

"제가 좋아하는 것은 기술이 아니라 도(道)입니다. 도는 기술보다 앞섭니다. 제가 처음으로 소를 잡을 때는 소의 전체 모습만 보였습니다. 하지만 3년이 지나니까 소의 전체 모습이 보이지 않게 되었습니다. 지금 저는 정신으로 소를 대할 뿐 눈으로 보지 않습니다. 칼을 놀리는 것은 손이 아니라 정신입니다."

庖丁爲文惠君解牛 手之所觸 肩之所倚 足之所履 膝之所踦
포 정 위 문 혜 군 해 우 수 지 소 촉 견 지 소 의 족 지 소 리 슬 지 소 기

砉然嚮然 奏刀騞然 莫不中音 合於桑林之舞 乃中經首之會
획 연 향 연 주 도 획 연 막 불 중 음 합 어 상 림 지 무 내 중 경 수 지 회

文惠君曰 譆 善哉 技蓋至此乎 庖丁釋刀對曰 臣之所好者 道也
문 혜 군 왈 희 선 재 기 개 지 차 호 포 정 석 도 대 왈 신 지 소 호 자 도 야

進乎技矣 始臣之解牛之時 所見無非牛者 三年之後
진 호 기 의   시 신 지 해 우 지 시   소 견 무 비 우 자   삼 년 지 후

未嘗見全牛也 方今之時 臣以神遇 而不以目視 官知之而神欲行
미 상 견 전 우 야   방 금 지 시   신 이 신 우   이 불 이 목 시   관 지 지 이 신 욕 행

《장자》 양생주 편

위 우화에서 포정이 말하는 도(道)란 '자신이 맡은 일에 대한 전문성'으로 해석할 수 있다. 포정은 자신의 일에서 득도의 경지에 오른 전문가이다. 그는 일이 몸에 맞았기 때문에 음악 연주를 하거나 춤을 추는 것처럼 일을 즐겼다. 손에 칼을 쥐고 소를 해체하는 작업을 하지만 실제로 칼을 움직이는 것은 그의 '손'이 아니라 '정신'이다. 오랜 시간 집중해서 일을 해도 육체적 피로를 쉬 느끼지 않으며 일이 끝난 후의 성취감은 어느 누구보다 높다. 포정은 천하디천한 백정이지만 일에 대한 탁월한 전문성이 있었기 때문에 일국의 왕 앞에서도 주눅 들지 않는 당당한 자존감을 드러낼 수 있었다.

마음의 장애가
더 큰 장애다

장애는 불편하다. 그러나 불행하지는 않다. 맹인으로 태어나는 것보다
더 비극적인 일은 앞을 볼 수 있으나 비전이 없는 것이다.

헬렌 켈러

       신체에 장애가 있으면 일상생활을 하는 데 불편한 것이 사실이다. 사회적 약자를 배려하는 공공시설들이 곳곳에 의무적으로 설치됨으로써 과거보다는 보행이나 주차 등에서의 불편함이 많이 개선되었지만 그렇다고 비장애인들처럼 자유롭지는 않다. 비장애인들의 편견과 차별적 시선도 여전히 존재한다. 서울시교육청이 추진하는 장애인학교 설립과정에서 빚어진 지역 주민들과 장애인 아이를 둔 학부모들 사이의 갈등과 마찰은 이러한 사회적 편견을 단적으로 보여준다.

       그렇다고 장애 자체가 자존감을 결정하지는 않는다. 장애를 가진

물리학자 스티븐 호킹과 장애가 없었던 물리학자 아인슈타인의 자존감에는 질적으로 차이가 없다. 장애가 있고 없음은 두 사람의 서로 다른 신체적 특성일 뿐 그것이 이들의 자존감을 차이 나게 하지는 않는다. 베토벤은 청각을 완전히 잃고도 불후의 명곡을 완성했으며 헬렌 켈러는 시각과 청각 모두를 잃고도 사회운동가로서 위대한 업적을 남겼다.

《장자》에는 특히 장애인들이 많이 등장한다. 장애의 형태도 경증이 아니라 중증 장애라 할 수 있는 인물들이 많이 등장한다. 이들을 통해 장자는 신체적 장애가 자존감을 형성하는 데 아무런 영향을 주지 않는다는 사실을 보여준다. 오히려 비장애인보다 장애인의 자존감이 더 뛰어나다는 사실을 보여주기 위해 의도적으로 역전된 관계를 설정한다.

공문헌이 어느 날 길을 가다가 우사를 보고 놀라서 물었다.

"아니 이게 누군가? 우사 아닌가? 어쩌다 한 쪽 다리를 잃었나? 하늘이 그렇게 만들었나? 아니면 사람이 한 짓인가?"

이에 우사는 이렇게 대답했다.

"하늘이 만든 것이지 사람이 만든 것은 아닙니다. 사람의 모양은 누구나 다 하늘이 만들어줍니다. 제가 다리를 잃은 것 역시 하늘이 한 것이지요. 들에 사는 꿩은 열 걸음을 가서 먹이를 한 번 쪼아 먹고 백 걸음 만에 물 한 모금을 마십니다. 그렇지만 새장 속에서 길러지기를 원하지 않습니다. 기력이 왕성해질지는 몰라도 그것을 좋아하지 않습니다."

公文軒見右師而驚曰 是何人也 惡乎介也 天與 其人與
공 문 헌 견 우 사 이 경 왈 시 하 인 야 오 호 개 야 천 여 기 인 여

曰天也非人也 天之生是使獨也 人之貌有與也 以是知其天也
왈 천 야 비 인 야 천 지 생 시 사 독 야 인 지 모 유 여 야 이 시 지 기 천 야

非人也 澤雉十步一啄 百步一食 不蘄畜乎樊中 神雖王 不善也
비 인 야 택 치 십 보 일 탁 백 보 일 식 불 기 축 호 번 중 신 수 왕 불 선 야

《장자》 양생주 편

장애는 사람의 의지와는 무관하게 하늘이 결정한다. 두 다리를 가
진 것도 하늘의 뜻이고, 다리 하나가 없는 것도 하늘의 뜻이다. 장자
는 꿩의 비유를 들어 장애가 자존감을 결정짓는 요소가 아니라고 말
한다. 야생으로 사는 꿩은 열 걸음을 가서 모이를 한 번 쪼아 먹고 백
걸음을 가서 물 한 모금을 마신다. 사람의 눈으로 볼 때는 먹고 마시
는 데 불편함이 있는 꿩도 장애를 갖고 있는 셈이다.

그렇다고 꿩이 새장에 갇혀 지내기를 원하지는 않는다. 새장에 갇
혀서 사람이 주는 모이와 물을 먹고 마시면 몸은 편하겠지만 자유는
구속당한다. 꿩은 먹고 마시는 불편함을 감수하면서도 자존감을 포
기하지 않는다. 장애를 가진 사람 역시 주도적인 삶을 살 수 있다면
신체적 장애가 자존감을 훼손할 수는 없다. 신체가 아니라 마음의 장
애가 더 큰 장애다.

지식이 자존감을
높여주지는 않는다

진실을 추구하는 자는 먼지보다 더 겸손해야 한다. 세상은 먼지를 발밑에
짓밟지만, 진리를 찾는 탐구자는 먼지에게조차 짓밟힐 정도로 겸손해야 한다.
그 뒤에야 비로소 그는 진실을 보게 될 것이다.

간디

프란시스 베이컨은 '아는 것이 힘'이라고 했다. 하지만 장
자는 지식은 '다툼의 도구'라고 말한다. 누구의 말이 맞을까? 둘 다
맞다. 알아야 면장을 한다고 직업을 가지고 밥벌이를 하려면 세상 돌
아가는 이치에 대한 기본적인 지식이 있어야 한다. 미적분은 몰라도
덧셈과 뺄셈 정도는 할 줄 알아야 마트에서 물건 값 계산을 하고 거
스름돈을 챙길 수 있다.

그런데 지식이 때로는 화근이 되는 경우도 있다. 정관계에 진출한
저명한 학자들은 자신들의 지식 때문에 명성을 얻기도 하지만, 그로
인해 신상에 화를 초래하기도 한다. 국정교과서 제정작업에 나섰다

가 정권이 바뀐 후 곤욕을 치르고 있는 역사학자들이 대표적인 사례다.

《장자》에는 공자와 그의 제자들이 대화의 주체로 자주 등장한다. 워낙 자주 등장해서 《장자》라는 책이 장자의 사상을 집대성한 것인지 공자 사상의 해설서인지 분간이 가지 않을 정도다. 공자를 등장시킨 의도가 유교를 비판하고 그를 통해 도가사상을 우회적으로 드러내는 데 있기는 하지만 워낙 자주 나오다보니 헷갈릴 때가 있다. 아래 내용도 그 중 하나다. 참고로 원문은 공자가 안연에게 말한 부분(실제로는 공자의 입을 빌려 장자가 자신의 생각을 드러낸 부분)만 소개한다.

어느 날 안연이 공자를 찾아와서 자신이 곧 위나라로 떠난다고 말한다. 공자가 그 목적을 묻자 안연은 이렇게 대답한다.

"위나라 임금은 혈기가 왕성하지만 정사를 독단적으로 처리해 백성들의 원성이 자자합니다. 지나치게 자주 전쟁을 일으켜 백성들의 시체가 늪지를 가득 채울 정도입니다. 선생님께서는 '잘 다스려지는 나라에서는 떠나고 어지러운 나라로 가야할 것인즉, 이는 의사의 집에 환자가 많은 것과 같다'라고 하셨습니다. 저의 학식으로 위나라 임금에게 간한다면 나라가 바로 잡힐 것입니다."

이에 공자가 말했다.

"네가 가면 형벌을 면치 못할 것이다. 무릇 도란 번잡하게 세상사에 나서기를 원치 않는다. 그렇게 나서다 보면 일이 많아지고, 일이 많아지면 세상이 어지러워지고, 세상이 어지러워지면 근심이 생기고, 근심이 생기면 백성을 구제하기 힘들어진다.

옛날의 지인은 먼저 자신이 도를 갖추고 난 후 남들을 설득했다. 너 자신이 도에 이르지 못했는데 위나라 왕을 어떻게 설득한단 말이냐? 덕과 지식이 넘치면 어떻게 되는지 너도 잘 알고 있지 않느냐? 덕과 지식은 서로 알력하고 다투게 만드는 도구이다. 덕과 지식은 재앙을 부르는 흉기일 뿐 행실을 지극하게 하는 것이 아니다."

仲尼曰譆 若殆往而刑耳 夫道不欲雜 雜則多
중 니 왈 희 약 태 왕 이 형 이 부 도 불 욕 잡 잡 즉 다

多則擾 擾則憂 憂而不救 古之至人 先存諸己而後存諸人
다 즉 요 요 즉 우 우 이 불 구 고 지 지 인 선 존 제 기 이 후 존 제 인

所存於己者未定 何暇至於暴人之所行 且若亦知夫德之所蕩
소 존 어 기 자 미 정 하 가 지 어 폭 인 지 소 행 차 약 역 지 부 덕 지 소 탕

而知之所爲出乎哉 德蕩乎名 知出乎爭 名也者 相軋也
이 지 지 소 위 출 호 재 덕 탕 호 명 지 출 호 쟁 명 야 자 상 알 야

知者也 爭之器也 二者凶器 非所以盡行也
지 지 야 쟁 지 기 야 이 자 흉 기 비 소 이 진 행 야

《장자》인간세 편

안연은 공자가 가장 아끼던 수제자였다. 하나를 들으면 열을 알 정도로 명석했으며, 배운 것은 반드시 실천하려고 노력했다. 장자가 공자의 제자 가운데 가장 똑똑하고 성실한 제자를 대화에 등장시킨 의도는 '지식의 위험성'을 강조하기 위해서다. 장자는 지식이 명성을 얻

는 수단이 되기도 하지만 사회적 갈등과 분쟁, 폭력의 도구가 되기도 한다고 경고한다. 다툼의 도구를 넘어 '흉기(凶器)'라고 말하는 부분이 이채롭다.

'아는 체 하지 마라', '나서지 마라'와 같이 우리가 일상적으로 흔히 쓰는 평범한 말투 속에 위의 대화에서 장자가 강조하는 지식의 위험성이 고스란히 녹아 있다. 되풀이하지만 도(道)란 멀리 있는 것이 아니라 일상의 삶 속에 있는 것이다. 알량한 지식을 뽐내려고 불필요하게 남의 송사나 분쟁에 끼어들다보면 오히려 사태를 악화시키는 경우가 생긴다.

지식을 뽐낸다고 자존감이 높아지지는 않는다. 자신의 지식을 감추는 겸손함이 오히려 자존감을 높인다.

말로 입은 상처는
오래 간다

> **"**
> 말로 입은 상처는 칼로 입은 상처보다 깊다.
> **"**
>
> 모로코 속담

인간관계에서 말은 가장 기본적인 소통수단이다. 손짓과 몸짓으로도 어느 정도 의사를 전달할 수 있지만 말보다는 효과적이지 않다. 말은 반드시 길 필요가 없다. '그뤠잇', '스튜핏'처럼 짧은 말 한 마디로 복잡한 상황을 깔끔하게 정리할 수도 있다. 중언부언하는 것보다는 간결하게 말하는 습관을 들이면 소통에 도움이 된다.

하지만 이런 짧은 말로 이루어지는 의사소통은 신뢰관계가 돈독한 사이에서만 통용된다. 이름도 얼굴도 모르는 사람에게 '그뤠잇', '스튜핏'이라는 표현을 쓸 수는 없다. 오해를 사기가 쉽다. 특히 국가 간의 공식적인 외교관계에서는 논리적 완성도와 품격을 갖춘 말을 써

야 한다. 공식석상에서 국가수반이나 고위 공직자들이 미리 작성한 원고를 읽는 이유는 말을 잘 못해서가 아니라 상대에 대해 예의와 품격을 갖추기 위해서다.

장자도 말의 중요성을 강조한다. 초나라 대부였던 섭공자고라는 사람이 어느 날 왕의 사신으로 제나라에 가게 되었다. 섭공자고는 떠나기 전에 공자를 찾아와서 조언을 청했다. 공자는 몇 가지 주의사항을 일러주면서 특히 말을 조심하라고 당부했다.

"무릇 교제란 가까운 사이에서는 반드시 믿음으로 서로 따른다. 하지만 먼 사이에서는 반드시 말을 삼가 해야 한다. 말이란 반드시 누군가가 그것을 전해야 한다. 양쪽이 모두 기뻐할 말이나 양쪽이 모두 화를 낼 만한 말을 전하는 것은 세상에서 가장 어려운 일이다. 양쪽이 모두 기뻐하는 데는 반드시 과도하게 칭찬하는 말이 상당수 들어있기 마련이고, 양쪽이 모두 화를 내는 데는 반드시 지나치게 비난하는 말이 상당수 들어 있기 마련이다.

무릇 지나친 것들은 모두 망령된 것들이니 망령되면 신뢰가 막히고 신뢰가 막히면 말을 전하는 자가 화를 입게 된다. 그래서 이르기를 '있는 그대로의 실상을 전하고 지나친 말을 하지 않으면 몸을 온전히 보전할 수 있다'라고 한 것이다.

말이란 것은 풍파(風波)와 같은 것이니 말을 전하는 자는 상처를 입기 쉽다. 풍파는 쉽게 흔들리고 상처를 입게 되면 관계가 위태로워진다. 분노를 유발하는 것은 다른 이유가 없다. 교묘한 말과 지나친 말 때문이다."

凡交 近則必相靡以信 遠則必忠之以言 言必或傳之
범교 근즉필상미이신 원즉필충지이언 언필혹전지

夫傳兩喜兩怒之言 天下之難者也 夫兩喜必多溢美之言
부전량희량노지언 천하지난자야 부량희필다일미지언

兩怒必多溢惡之言 凡溢之類妄 妄則其信之也莫
양노필다일오지언 범일지류망 망즉기신지야막

莫則傳言者殃 故法言曰 傳其常情 無傳其溢言
막즉전언자앙 고법언왈 전기상정 무전기일언

則幾乎全 夫言者 風波也 行者 實喪也 風波易以動
즉기호전 부언자 풍파야 행자 실상야 풍파이이동

實喪易以危 故忿設無由 巧言偏辭
실상이이위 고분설무유 교언편사

《장자》 인간세 편

장자는 말을 '바람에 이는 파도(風波 풍파)'라고 표현한다. 그만큼 쉽게 전해진다는 뜻이다. 우리 속담에서도 '발 없는 말이 천리를 달린다'라고 했다. 특히 선정적이고 악의적인 유언비어일수록 전달속도가 더 빠르다. 사람들이 혹하기 쉬운 서사를 갖고 있기 때문이다.《논어》에서도 '사두마차가 세 치 혀를 따라가지 못한다(駟不及舌 사불급설)'라며 말을 신중히 하라고 가르친다.

말 한 마디가 상대의 자존감을 높여주기도 하고 상처를 입히기도 한다. 상대를 배려하는 부드러운 말투를 가진 사람은 대인관계가 대체로 원만하다. 반대로 콕콕 찌르는 말투나 비아냥거리는 투의 언어

습관을 가진 사람은 원만한 인간관계를 유지하기 힘들다. 나는 어떤 투의 유형인지 되돌아보고 혹시 후자라고 생각되면 장자가 인용한 위의 구절을 다시 한 번 새겨볼 일이다.

말은 특히 전달하는 사람의 역할이 중요하다. 그리스로마신화에는 바람이 자신의 연인에게 부드러운 목소리로 속삭거리는 말을 듣고 자살하는 여인의 이야기가 나온다. 행여 바람결에도 자신의 말이 오해를 사지 않도록 조심하고 또 조심해야 한다. 말의 독성은 그만큼 무섭다.

때로는
근자감도 필요하다

> **"**
>
> 우리 모두의 마음속에는 커다란 거인이 숨어 있다.
> 그는 자신의 이름을 '자신감'이라고 소개한다. 근거가 없어도
> 늘 끓어오르는 자신감을 가지고 세상을 향해 나아가라.
>
> **"**
>
> 오구라 히로시, 《서른과 마흔 사이》

근거 없는 자신감을 '근자감'이라고 한다. 다소 생소한 단어이긴 한데 그렇다고 별난 부류의 사람들한테만 있는 증상은 아니다. '이 정도면' 하는 마음은 누구나 한 번쯤 품어보았을 감정이다. 근자감이 반드시 나쁘지만은 않다. 상대와의 기 싸움에서는 어느 정도의 허장성세가 필요한 경우도 있다. 특히 지나치게 소극적인 사람이나 무기력증에 빠질 정도로 자존감이 떨어진 사람에게는 근자감이 오히려 약이 될 수 있다.

근자감으로 자존감을 높이는 방법에는 두 가지가 있다. 하나는 닥공(닥치고 공격)이고, 또 하나는 나만의 요술 거울을 갖는 것이다. 수세

에 몰려서 삶의 희망이 보이지 않을 때는 '그래, 이보다 더 나빠질 수는 없겠지' 하는 심정으로 닥공 하다 보면 의외의 돌파구가 열리기도 한다. 역사에서도 그런 경우가 많이 있었다. 항우의 파부침주(破斧沈舟)나 한신의 배수진(背水陣)이 바로 닥공의 대표적인 사례다.

나만의 요술 거울은 다양하게 존재한다. 화장대의 거울, 욕실의 거울, 아니면 엘리베이터 안의 거울도 요술 거울이 될 수 있다. 이도 저도 아니면 눈을 감고 마음속으로 거울을 떠올리면 그게 나만의 요술 거울이 될 수도 있다.

'거울아 거울아 세상에서 누가 제일 예쁘니?', '이번에는 합격할 수 있겠니?', '이 정도면 이득이겠지?'

그러면 거울이 대답한다.

'니가 제일 예뻐', '무조건 합격이야', '개이득'

《장자》에는 근자감의 지존이 등장하는데 주인공은 바로 사마귀다.

"그대는 저 사마귀를 모르시오? 앞발을 치켜들고 수레바퀴에 맞서다니 정말 어리석지 않소? 저 녀석은 자기가 이길 수 없다는 사실을 알지 못하오. 그냥 자기 재주만 믿고 덤벼드는 것이오."

汝不知夫螳螂乎? 怒其臂以當車轍
여 부 지 부 당 랑 호 ? 노 기 비 이 당 거 철

不知其不勝任也 是其才之美者也
부 지 기 불 승 임 야 시 기 재 지 미 야 야

《장자》 인간세 편

남들이 볼 때 사마귀는 무데뽀다. 제 몸 깔려죽을 줄 모르고 무작정 수레바퀴를 향해 덤벼든다. 사마귀는 자신의 능력을 무한 신뢰한다. 근거는 없지만 자신감에 충만해 있다. 그래서 두 팔을 쭉 뻗어 당당하게 수레바퀴를 막고 나선다.

원문에서 유심히 볼 대목은 '怒其臂以當車轍(노기비이당거철)'이라는 두 번째 구절이다. 그 중에서도 '노(怒)' 자와 '당(當)' 자를 눈여겨봐야 한다. '노(怒)' 자는 '분노', '분투'를 뜻하는 글자이고, '당(當)' 자는 '당당함'을 뜻하는 글자이다.

《장자》 소요유 편에 나오는 대붕의 우화에도 '노(怒)' 자가 나온다. '대붕이 떨쳐 일어나서 나니(怒而飛 노이비) 날개가 마치 하늘의 구름과 같았다'라는 대목에서 노(怒) 자는 '적극적으로 웅지를 펼치는 대붕'의 모습을 묘사하고 있다.

당랑거철(螳螂拒轍) 우화에 나오는 사마귀의 행동에서도 노(怒) 자는 부정적인 의미가 아니라 긍정적인 의미로 쓰였으며, 뒤에 나오는 '당(當)' 자와 어울리면서 당당하게 자신의 존재를 드러내는 주체를 묘사한다.

'힘도 없는 주제에 뭘 하겠어' 하는 마음을 '비록 힘은 없어도 한 번 해보자'로 바꾸면 근자감을 '근거 없는 자신감'이 아니라 '근거 있는 자존감'으로 바꿀 수 있다. 어깨가 무겁고 의기소침해질 때 《장자》에 나오는 사마귀를 떠올리면서 '그래 나도 할 수 있어' 하고 나만의 요술 거울을 만들어보자. 그리고 사마귀처럼 분연히 떨치고 일어나자.

행동하는 나만이 나를 바꿀 수 있다.

아무짝에도 쓸모없는
사람은 없다

> **❝**
>
> 자학하지 마라. 좀 더 뻔뻔해져라.
> 어차피 내가 나를 비난하지 않아도 남들은 나를 비난하는 것이 세상이다.
> 나를 향한 비난은 타인의 몫으로 남겨줘도 충분하다.
>
> **❞**
>
> 윤용인, 《어른의 발견》

근자감의 반대말로 쓸 수 있는 것은 '근패감'이다. 근자감은 근거 없는 자신감이고 근패감은 근거 없는 패배감이다. 근자감은 국어사전에도 올라와 있지만 근패감은 그렇지 않다. 의미를 톺아볼 때 그리 작명할 수 있다는 말이다. 근자감은 더러 약이 되기도 하지만 근패감은 약으로도 쓸 수 없다. 근패감 지수가 높은 사람이 자주 쓰는 말은 '나는 아무짝에도 쓸모없는 인간이야', '내 주제에 뭘 하겠어', '다 끝났어'와 같은 것들이다.

스티븐 스필버그 감독이 연출한 영화 〈레디 플레이어 원〉의 주인공도 아무짝에도 쓸모없는 인간이었다. 허구한 날 골방에 처박혀 게

임만 하던 폐인이었다. 하지만 그 게임 폐인이 결국은 오아시스에 이르는 세 개의 열쇠를 획득해 인류를 구원한다. 게임 폐인은 영화에만 있지 않다. 현실에도 많이 존재한다. 넓게 보면 스티브 잡스나 마크 저커버그, 빌 게이츠도 그런 유형의 인간이었다.

아무짝에도 쓸모없는 인간은 아무도 없다. 근패감이라는 말이 보편화되지 않는 이유도 아마 그래서일 것이다. 사회적 필요가 없는 언어는 만들어지지 않으며 만들어진다 해도 얼마 후 사라진다. 수요가 없으면 공급도 없기 때문이다. 필자가 근패감이라는 말을 쓴 이유는 글을 쓰기 위한 임시방편일 뿐이다. 장자는 다음 우화를 통해 '세상에 아무짝에도 쓸모없는 인간은 아무도 없다'라는 진리를 일깨워준다.

옛날에 장석이라는 유명한 목수가 있었다. 장석이 어느 날 제자와 함께 길을 걷고 있는데 제나라 곡원 지방의 사당을 지나다가 그 곁에 서 있는 큰 상수리나무 하나를 보았다. 나뭇잎이 워낙 무성해 수천 마리의 소를 덮고도 남음이 있었고 둘레는 백 아름드리가 넘었다. 높이도 엄청나서 마치 산을 내려다보는 것 같았다. 배를 만들면 수십 척을 만들 수 있었다. 사람들이 구름처럼 몰려들어 나무를 구경하고 있었지만 장석은 거들떠보지도 않고 지나쳤다. 제자가 의아해하면서 장석에게 물었다.

"제가 도끼를 잡고 선생님을 따른 이래로 이렇게 훌륭한 나무는 본 적이 없습니다. 그런데 선생님께서는 눈 길 한 번 안 주시니 어찌된 영문입니까?"

장석이 대답했다.

"그만두어라. 말해 무엇 하겠느냐. 쓸모없는 나무다. 배를 만들면 가라앉을 것이고 널과 덧널을 만들면 빨리 썩으며 그릇을 만들면 쉽게 부서지고 문짝을 만들면 진액이 흐르고 기둥을 만들면 좀 먹는다. 이것은 재목이 되지 못하는 나무다. 쓸모없다보니 이렇게 천수를 누리는 것이다."

匠石之齊 至乎曲轅 見櫟社樹 其大蔽數千牛
장석지제 지어곡원 견력사수 기대폐수천우

絜之百圍 其高 臨山十仞而後有枝 其可以爲舟者
혈지백위 기고 임산십인이후유지 기가이위주자

旁十數 觀者如市 匠伯不顧 遂行不輟 弟子厭觀之
방십수 관자여시 장백불고 수행불철 제자염관지

走及匠石 曰 自吾執斧斤以隨夫子 未嘗見材如此其美也
주급장석 왈 자오집부근이수부자 미상견재여차기미야

先生不肯視 行不輟 何邪 曰 已矣 勿言之矣
선생불긍시 행불철 하야 왈 이의 물언지의

散木也 以爲舟 則沈 以爲棺槨 則速腐 以爲器
산목야 이위주 즉침 이위관곽 즉속부 이위기

則速毀 以爲門戶 則液樠 以爲柱 則蠹
즉속훼 이위문호 즉액만 이위주 즉두

是不材之木也 無所可用 故 能若是之壽
시부재지목야 무소가용 고 능약시지수

《장자》인간세 편

'굽은 나무가 선산을 지킨다'라는 속담처럼 위 우화에 나오는 상수리나무도 아무짝에도 쓸모가 없어서 사람들에게서 외면을 당했다. 하지만 그 때문에 베이지 않을 수 있었으며, 결국 사당을 지키는 나무가 되어 천수를 누렸다.

하지만 사당을 지킨다는 것은 국가의 상징이 되는 나무의 역할을 했다는 의미다. 그보다 더 큰 쓸모가 어디 있겠는가? 잘난 자식은 국가가 데려가고 못난 자식은 고향에 남아 부모를 공양한다. 부모의 입장에서는 잘난 자식보다는 못난 자식이 더 쓸모 있는 자식이다. 이어지는 글에서 장자는 지리소라는 곱추를 등장시켜 '무용지용(無用之用)'의 진리를 부연 설명한다.

> 지리소는 턱이 배꼽에 숨어 있고 어깨가 정수리보다 높고 상투는 하늘을 가리키고 오장(五臟)은 위에 있고 두 넓적다리가 겨드랑이가 된 자이다. 세상의 기준으로 볼 때 지리소는 아무짝에도 쓸모없는 인간이다. 하지만 지리소는 바느질을 하고 헌옷을 빨아 생계를 꾸려나갔으며 키질을 하여 정미(精米)를 까불어 열 식구를 먹여 살렸다. 뿐만 아니라 나라에 전쟁이 나도 지리소는 징집대상에서 제외되어 천수를 누릴 수 있었다.

사무용품을 제작하는 미국 기업 3M의 대표 브랜드는 포스트잇이다. 일을 하다가 간단하게 메모해서 표시할 필요가 있으면 누구나 포스트잇을 사용한다. 편리성과 실용성 때문에 사무실에 비치하는 필수 문구류 중 하나로 자리 잡았다. 하지만 포스트잇도 처음에는 아무짝에도 쓸모없는 물건이었다. 강력한 접착제를 개발하던 중 실수로 만들어진 제품이었다. 버려진 물건이었는데 써보니 유용한 점이 있어 정식 상품으로 출시되었고 시장에서 대박을 터뜨렸다. 비엔나소시지, 아이보리비누와 같은 히트상품도 쓸모없는 것이 쓸모 있게 된 사례들이다. 비엔나소시지는 가치가 없다고 여겨 버리는 부위를 이용해서 가난한 서민들을 위해 별도로 가공한 제품이며, 아이보리비누는 직원의 실수로 버리게 된 원료를 활용해서 만들어진 제품이다.

실패가 거듭되면 자신의 존재 이유마저 의심할 정도로 자존감이 바닥에 떨어지는 경우가 생긴다. 하지만 이런 때에도 좌절하지 않고 꾸준히 내일을 준비하다보면 지난날의 실패 경험들이 거꾸로 미래의 성공 자산이 되기도 한다. 내가 가진 능력에 대한 섣부른 판단은 금물이다. 나의 잠재력이 언제 어느 시점에 꽃을 피울지는 아무도 알 수 없다. 중요한 것은 그때까지 어떤 시련이 닥쳐도 포기하지 않겠다는 마음가짐과 의지다.

자기 주도적 삶이 자존감을 높인다

> 스스로 마음의 등불이 되어 무쏘의 뿔처럼 혼자서 가라.

석가모니

자존감이 높은 사람들의 공통된 특징 가운데 하나는 대체로 그들이 자기 주도적인 삶을 산다는 것이다. 자기 주도적 삶이란 '스스로 자기 삶의 주인이 되는 것'이다. 주인은 결정권을 가진 사람이다. 타인이나 환경, 조직에 의존하거나 구속되지 않고 자율적으로 삶을 결정한다. 학습방법, 직업 선택, 결혼 등 인생의 대소사를 자신의 의지대로 결정한다.

스티븐 코비는 《성공하는 사람들의 7가지 습관》이라는 책에서 자기 주도적 삶을 성공의 첫 번째 조건으로 꼽았다. 코비의 책에서 가장 눈여겨볼 대목은 자기 주도적 삶에 대한 그의 정의(definition)다. 코비는 성경 구절을 인용하면서 자기 주도적 삶이란 자신의 마음을 다스리는 것이라고 말한다.

'무릇 지킬 만한 것보다 더욱 네 마음을 지키라. 생명의 근원이 이에서 남이니라.'

《구약성경》 잠언 4장 23절

《장자》의 우화에 등장하는 주요 인물들은 모두 자기 주도적 삶을 산다. 왕태라는 사람이 대표적이다.

> 왕태는 노나라 사람인데 올자(兀者)였다. 올자란 발뒤꿈치를 베는 형벌(刖刑 월형)을 받은 사람을 가리킨다. 왕태는 비록 장애인이었지만 그의 집은 그에게서 가르침을 받으려는 사람들로 늘 북적였다. 그를 따르는 사람은 공자를 따르는 사람들의 숫자와 얼추 비슷했다. 공자의 제자 상계가 의아해하면서 공자에게 물었다.
>
> "왕태는 올자인데도 그를 따르는 사람들이 선생님을 따르는 사람들과 비슷합니다. 특별히 가르치는 것도 없는데 사람들은 빈 채로 왔다가 채워서 돌아갑니다. 도대체 그의 마음이 어떠하기에 말을 하지 않고도 가르칠 수가 있습니까?"
>
> 이에 공자가 말했다.
>
> "그는 성인이다. 나는 아직 그를 쫓아가지 못한다. 나도 장차 그를 스승으로 삼으려 한다. 나는 장차 천하 사람들을 이끌고 그를 따를 것이다."

魯有兀者王駘 從之遊者 與仲尼相若 常季問於仲尼曰
노 유 올 자 왕 태 종 지 유 자 여 중 니 상 약 상 계 문 어 중 니 왈

王駘 兀者也 從之遊者 與夫子中分魯 立不教 坐不議
왕 태 올 자 야 종 지 유 자 여 부 자 중 분 로 입 불 교 좌 불 의

虛而往 實而歸 固有不言之教 無形而心成者邪 是何人也
허 이 왕 실 이 귀 고 유 불 언 지 교 무 형 이 심 성 자 야 시 하 인 야

仲尼曰 夫子 聖人也 丘也 直後而未往耳 丘將以爲師
중 니 왈 부 자 성 인 야 구 야 직 후 이 미 왕 이 구 장 이 위 사

而況不若丘者乎 奚假魯國 丘將引天下而與從之
이 황 불 약 구 자 호 해 가 로 국 구 장 인 천 하 이 여 종 지

《장자》 덕충부 편

상계가 왕태의 마음 씀(用心 용심)에 대해 구체적인 설명을 요구하
자 공자는 이렇게 말한다.

"왕태는 죽고 사는 것에도 개의치 않는다. 하늘과 땅이 뒤집히고
무너진다 해도 흔들리지 않는다. 사물의 변화에 일희일비하지 않
으며 늘 중심을 지킨다. 왕태는 만물을 하나로 인식한다. 다르다
는 점에서 보면 간과 쓸개도 초나라와 월나라의 거리만큼 멀지만,
같다는 관점에서 보면 만물은 모두 하나다. 눈으로 보고 귀로 듣
는 것이 전부는 아니다. 오직 마음의 조화에 따라 만물을 하나로
여긴다. 그렇기 때문에 왕태는 자신이 올자인 것도 잊고 자신의
발을 잃은 것을 마치 흙 한 줌을 땅에다 버린 것처럼 여긴다."

常季曰 彼 兀者也 而王先生 其與庸 亦遠矣
상 계 왈 피 올 자 야 이 왕 선 생 기 여 용 역 원 의

若然者 其用心也 獨若之何 仲尼曰 死生亦大矣
약 연 자 기 용 심 야 독 약 지 하 중 니 왈 사 생 역 대 의

而不得與之變 雖天地覆墜 亦將不與之遺 審乎無假
이 부 득 여 지 변 수 천 지 복 추 역 장 불 여 지 유 심 호 무 가

而不與物遷 命物之化 而守其宗也 常季曰
이 불 여 물 천 명 물 지 화 이 수 기 종 야 상 계 왈

何謂也 仲尼曰 自其異者視之 肝膽楚越也
하 위 야 중 니 왈 자 기 이 자 시 지 간 담 초 월 야

自其同者視之 萬物皆一也 夫若然者
자 기 동 자 시 지 만 물 개 일 야 부 약 연 자

且不知耳目之所宜 而遊心乎德之和 物視其所一
차 부 지 이 목 지 소 의 이 유 심 호 덕 지 화 물 시 기 소 일

而不見其所喪 視喪其足 猶遺土也
이 불 견 기 소 상 시 상 기 족 유 유 토 야

《장자》 덕충부 편

스티븐 코비처럼 장자는 자기 주도적 삶의 근원을 '마음 씀(用心)'에
서 찾는다. 왕태는 환경적 요인에 의해 마음이 휘둘리지 않고 꿋꿋하
게 자신의 삶을 주도하는 인물이다. 그렇기 때문에 사람들이 구름처
럼 몰려들어 배움을 청했으며 심지어 공자조차도 그를 흠모했다.

공자는 《논어》에서 나이 사십이 되어도 자기 삶의 스토리가 없는

사람은 별 볼 일 없는 사람이라고 했다. 혹시 오늘내일 하면서 머뭇거리는 청춘이 있다면 귀담아 들을 말이다. 사십이 먼 것 같지만 금방이다. 하루하루 미루다보면 어느새 사십 고개에 접어든다. 삶에서 후회를 남기지 않으려면 하루라도 빨리 내 삶의 결정권을 회복해야 한다. 남들이 그려놓은 지도가 아니라 내 스스로 그린 마음의 지도에 따라 삶을 살아가는 것이 가장 행복한 삶이고 자존감 높은 삶이다.

감정을 잘 다스리지 못하면
자존감도 떨어진다

"

내 감정은 내가 결정한다. 불안한 마음도 내 마음에서 비롯된 것이다.

어렵고 힘겨운 상황에서 느끼는 불안도, 내가 현실에 집중하고

나의 능력과 장점을 되새기며 자신감을 가지면 극복할 수 있다고 나는 믿는다.

"

게리 D. 맥케에, 돈 딩크마이어, 《아들러의 감정수업》

감정을 세분하면 수십 가지의 모양으로 분류할 수 있지만 크게 보면 기쁠 때 나타나는 감정과 슬플 때 나타나는 감정의 두 가지로 압축할 수 있다. '즐겁다', '만족스럽다', '기분이 좋다', '유쾌하다'와 같은 것들은 기쁜 감정의 변주로 볼 수 있고, '우울하다', '불만이다', '기분이 나쁘다', '불쾌하다'와 같은 것들은 슬픈 감정의 변주로 볼 수 있다. 자존감은 스스로를 존중하고 뿌듯해하는 감정이므로 넓게 볼 때 기쁜 감정으로 분류할 수 있다.

평정심을 유지할 때, 일상에 몰두할 때는 감정이 잘 드러나지 않는다. 그러다가 외부의 요인으로 인해 평정심이나 일상이 깨질 때 감정

이 드러난다. 감정이 풍부한 사람은 작은 변수에도 마음이 요동치지만 감정이 메마른 사람은 어지간한 큰일에도 무덤덤하게 반응한다. 감정이 너무 메말라도 문제지만 더 큰 문제는 너무 예민하게 감정을 분출시키는 것이다. 특히 슬픔의 감정을 제대로 통제하지 못하면 우울증 등의 정신질환으로 발전하거나 폭력적 성향을 띨 수도 있다.

장자는 감정을 잘 다스릴 수 있는 방법 몇 가지를 일러준다.

첫째는 '멈춤의 지혜'다. 마음에 풍파가 일어나서 감정이 격해질 때는 일단 멈춰야 한다. 흐르는 물에는 자신의 얼굴을 비춰볼 수 없듯이 감정이 격해졌을 때는 자신을 제대로 볼 수 없다. 내 모습이 보이지 않으므로 통제도 할 수 없게 된다. 그런 상태에서 흥분된 감정을 그대로 분출시키면 십중팔구 후회하게 된다.

> "사람은 흐르는 물에는 자신을 비춰볼 수 없다. 멈추어 있는 물이라야 비춰볼 수 있다. 오직 멈추어 있는 것만이 제대로 멈추게 할 수 있다. 그러므로 사람들은 모두 멈춘다."

人莫鑑於流水 而鑑於止水 唯止能止 衆止
인 막 감 어 유 수 이 감 어 지 수 유 지 능 지 중 지

《장자》 덕충부 편

둘째는 수양을 통해 '마음속에 나만의 스승을 가지는 것'이다. 스승은 등불, 좌표 등으로 바꿔 부를 수 있다. 마음속에 스승을 가지고 있으면 내 감정이 흔들릴 때마다 그것이 죽비가 되어 내 마음을 다스려

준다.

"사람들이 온전치 않은 내 발을 보고 비웃으면 나는 버럭 화가 납니다. 그때마다 나는 스승님을 뵈러 갑니다. 그곳에 당도하면 화가 사라지고 평정심을 회복하게 됩니다. 아마도 스승님이 선(善)으로써 내 마음을 씻어주기 때문일 것입니다."

人以其全足 笑吾部全足者多矣 我怫然而怒 而適先生之所
인 이 기 전 족 소 오 부 족 전 자 다 의 아 비 연 이 노 이 적 선 생 지 소

則廢然而反 不知先生之洗我以善邪
즉 폐 연 이 반 부 지 선 생 지 세 아 이 선 야

《장자》 덕충부 편

셋째는 '자연을 닮으라'는 것이다. 자연은 시비(是非), 선악(善惡), 호오(好惡)를 구분하지 않는다. 있는 그대로를 사랑하고, 인정하고, 함께한다. 장자는 '좋아하는 것과 싫어하는 것을 인위적으로 구분하는 태도'가 감정을 상하게 하는 주요 요인이라고 말한다.

항상 자연을 닮되 다른 것을 보태지 마라.

常因自然而不益生也
상 인 자 연 이 불 익 생 야

《장자》 덕충부 편

감정을 잘 다스리지 못하면 자존감에도 상처를 입는다. '그때 내가 왜 그랬지' 하면서 후회하는 일이 반복되면 매사에 자신감이 없어지고 소극적이기 쉽다. 그러다보면 자존감도 떨어진다. 장자가 말하는 세 가지 방법을 곱씹어보면서 감정을 다스리는 연습을 하면 자존감을 유지하는 데 도움이 될 것이다.

마음의 운동장을
넓혀라

> 어떤 이들은 자비나 관용 그리고 신앙의 자유란 가증스러운 것들이라고
> 주장하지만, 그러나 진정으로 반문하건대 자비나 관용
> 그리고 신앙의 자유가 그와 같은 재앙을 초래한 적이 과연 있었던가?
>
> 볼테르, 《관용론》

말은 달콤한 말과 쓴 말 두 가지로 나눌 수 있다. 통칭하면 전자는 칭찬류의 말이고 후자는 비난류의 말이다. '너 참 예쁘다', '잘했어', '다행이다'와 같은 칭찬류의 말은 귀에 달다. 그래서 그런 말을 들으면 기분이 고양되고 자존감도 올라간다. 반대로 '너 도대체 왜 그러니', '그것밖에 안 돼?', '꼴도 보기 싫어'와 같은 비난류의 말은 귀에 거슬린다. 이런 말을 들으면 감정이 상하고 자존감도 떨어진다.

듣기 싫은 말로 인한 마음의 상처를 줄이려면 어떻게 해야 할까? 가장 좋은 방법은 '인간관계를 간소하게 하는 것'이다. 말이란 인간관계에서 비롯되기 때문에 내 삶과 엮이는 사람의 범위를 줄이면 자연

스럽게 비난류의 말도 줄어든다. 하지만 이 방법은 현실성이 떨어진다. 아무리 관계를 축소해도 가족이나 친척, 직장동료 몇 사람쯤과는 말을 섞고 살아야 한다.

장자가 제시하는 방법은 '마음속의 운동장을 넓히라'는 것이다. 마음의 운동장이 넓다는 것은 누군가에게 내 마음, 기분, 감정을 빼앗길 염려가 적음을 의미한다. 내 마음을 훔쳐도 달리 갖다놓을 곳이 없기 때문이다. 훔친 마음을 가지고 백 미터를 도망가서 내려놓는다고 해도 내 마음의 넓이가 그런 상황을 다 포용할 정도로 넓으면 마음을 뺏길 일이 없다. 운동장이 넓으면 넓을수록 포용력도 더 커지고 감정 조절도 더 잘 할 수 있게 된다. 지인(至人)이나 성인(聖人)처럼 운동장의 넓이가 천하를 뒤덮을 정도로 넓으면 어떤 상황에서도 마음을 빼앗기지 않는다.

배를 훔쳐 골짜기에 감추고 어망을 훔쳐 연못에 감추고 나서 잘 감추었다고 말한다. 하지만 한밤중에 힘 센 사람이 와서 둘러메고 달아나면 우매한 사람은 그것을 깨닫지 못한다. 무릇 물건이란 아무리 잘 감추어도 그걸 가지고 달아날 데가 있다. 만일 천하를 천하에 숨기면 가지고 달아날 데가 없어진다. 이것이 만물의 큰 이치다.

夫藏舟於壑 藏山於澤 謂之固矣 然而夜半有力者
부 장 주 어 학 장 산 어 택 위 지 고 의 연 이 야 반 유 력 자

負之而走 昧者不知也 藏小大有宜 猶有所遯
부 지 이 주 매 자 부 지 야 장 소 대 유 의 유 유 소 둔

若夫藏天下於天下 而不得所遯 是恒物之大情也
약 부 장 천 하 어 천 하 이 부 득 소 둔 시 항 물 지 대 정 야

《장자》 대종사 편

마음을 쉽게 빼앗기는 사람은 운동장 크기가 손바닥만 하다. 그러니 누구라도 그 사람의 마음을 쉽게 훔쳐 달아날 수 있다. 내 마음을 흔들고 훔치려 드는 요인들은 내가 통제하기 어렵다. 삶 자체를 떠나지 않는 이상 우리 마음은 늘상 외부적 요인에 노출될 수밖에 없다. 아내의 잔소리, 직장 상사의 꾸지람, 지나가는 행인의 불쾌한 말투, 시민의 귀를 더럽히는 정치인들의 막말이 듣기 싫다고 아내, 직장 상사, 행인, 정치인을 떠나서 살 수는 없다.

그렇다고 순간순간 내 감정을 흔드는 그들과 대거리하면서 살 수도 없다. 그러는 순간 미풍으로 그칠 일이 태풍이 되기 십상이다. 가장 현명한 방법은 장자가 일러준 대로 내 마음의 평수를 넓히는 것이다. 아파트 평수보다는 마음의 평수가 더 중요하다. 아무리 넓은 곳에서 살아도 마음이 불편하면 그곳은 지옥이고, 아무리 좁은 곳에서 살아도 마음이 편하면 그곳이 곧 천국이다. 지옥은 마음의 운동장이 좁다보니 서로 자리를 차지하려고 아귀다툼을 하지만, 천국은 운동장이 넓고 여유가 있어서 그런 다툼을 할 필요가 없다.

자존심은 버리고
자존감을 키워라

"

때론 삶이 뒤통수를 때릴지도 모른다. 그렇더라도 신념을 잃지 마라.
나는 나를 나아가게 하는 유일한 힘이 나에 대한 '믿음',
그리고 내가 한 일을 '사랑'하는 것이라고 확신한다.

"

스티브 잡스

자존감과 자존심은 어감이 비슷해 때로 혼용하는 경우가
있지만 구분해서 쓰는 것이 옳다. '자존감'은 타인의 평가나 시선에
상관없이 자기 스스로를 존중하는 감정이지만, '자존심'은 남보다 내
가 더 잘났다고 여기는 상대적 우월감이다. 자존감은 절대적 지평을
갖고 있지만 자존심은 그렇지 않다.

위 인용문에서 스티브 잡스가 말한 자신을 믿는 마음, 자신의 일을
사랑하는 마음의 지평을 이루는 것이 '자존감'이다. 만일 그러한 절
대적인 지평이 아니라 자신의 경쟁자를 앞서겠다는 심리가 발동해서
일을 한다면 그때의 감정은 자존감이 아니라 '자존심'이다.

자존심도 필요하다. 배알도 없이 언제나 흥흥하는 것을 마냥 좋게만 볼 수는 없기 때문이다. 하지만 열등감을 만회하려는 심리적 기제로 작동하는 자존심은 크게 권장할 만한 것이 못된다. '흥, 지가 잘났으면 얼마나 잘났어', '학창시절 공부도 못하던 게 설치는 꼴을 보니 존심 상해 못살겠어'와 같은 말들에는 악마의 유혹이 숨어있을 가능성이 높다. 불필요한 자존심은 까닭 없이 타인을 배척하거나 사회적 소통을 가로막는 요인으로 작용한다.

어린 시절에는 부모의 말 한 마디가 아이의 자존감 형성에 큰 영향을 미친다. '아니 그것도 하나 제대로 못해? 그래 가지고 나중에 커서 뭐가 되려고 하니?' 이런 부정적인 말을 듣고 자란 아이보다는, '실수는 누구나 할 수 있어. 너는 너라는 사실만으로 소중한 거야. 노력하면 더 잘 할 수 있어'와 같은 긍정적인 말을 듣고 자란 아이의 자존감이 더 높다.

어른이 된 후에는 '스스로' 자존감을 키워야 한다. 그럼 어떻게 하면 자존감을 키울 수 있을까? 장자는 '좌망(坐忘)'하라고 말한다. 대종사 편에 나오는 공자와 그의 수제자 안회의 대화를 통해 좌망의 속뜻을 짚어보자.

어느 날 안회가 공자에게 말했다.
"선생님, 제가 요즘 새롭게 뭘 하나 깨달았습니다."
공자가 물었다.
"그게 무엇이냐?"
안회가 말했다.

아주 기묘한 장자 이야기로 시작하는 자존감 공부

"저는 인의(仁義)를 잊었습니다."

이에 공자가 말했다.

"그래 장하구나. 하지만 그것으로는 부족하다."

그 후 안회가 다시 공자를 찾아와 말했다.

"선생님, 제가 또 하나 깨달았습니다."

공자가 물었다.

"그게 무엇이냐?"

안회가 말했다.

"저는 예악(禮樂)을 잊었습니다."

이에 공자가 말했다.

"그래 장하구나. 하지만 그것으로도 부족하다."

며칠 후 안회가 다시 공자를 찾아와 말했다.

"선생님, 제가 또 깨우쳤습니다."

공자가 물었다.

"그래 이번에는 또 무엇이냐?"

안회가 말했다.

"저는 좌망(坐忘)을 하게 되었습니다."

공자가 놀라서 물었다.

"아니, 좌망이라니 그게 무엇이냐?"

이에 안회가 말했다.

"사지 육신을 잊고, 총기와 명석함도 몰아내고, 육체를 떠나고 지식을 버림으로써 큰 도(道)와 하나가 되었습니다."

공자가 말했다.

"도와 일체가 되면 좋아함도 초월하고 무한한 변화 속에 자신을 맡기게 된다. 너는 참으로 훌륭하구나. 나도 너를 따르도록 하겠다."

顏回曰 回益矣 仲尼曰 何謂也? 曰 回忘仁義矣
안 회 왈 회 익 의 중 니 왈 하 위 야 ? 왈 회 망 인 의 의

曰 可矣 猶未也 他日 復見 曰 回益矣 曰 何謂也?
왈 가 의 유 미 야 타 일 부 견 왈 회 익 의 왈 하 위 야 ?

曰 回忘禮樂矣 曰 可矣 猶未也 他日 復見 曰 回益矣
왈 회 망 예 악 의 왈 가 의 유 미 야 타 일 부 견 왈 회 의 의

曰 何謂也? 曰 回坐忘矣 仲尼蹴然曰 何謂坐忘?
왈 하 위 야 ? 왈 회 좌 망 의 중 니 축 연 왈 하 위 좌 망 ?

顏回曰 墮肢體 黜聰明 離形去知 同於大通 此謂坐忘
안 회 왈 휴 지 체 출 총 명 이 형 거 지 동 어 대 통 차 위 좌 망

仲尼曰 同則無好也 化則無常也 而果其賢乎!
중 니 왈 동 즉 무 호 야 화 즉 무 상 야 이 과 기 현 호 !

丘也 請從而後也
구 야 청 종 이 후 야

《장자》 대종사 편

좌망(坐忘)을 문자 그대로 해석하면 '앉아서 모든 것을 잊는다'라는 뜻이다. 자신의 육체와 정신 모두를 잊고 절대적인 도(道)의 경지에 이르는 상태가 좌망이다.

'육체'는 자신의 외면적인 조건을 뜻하고, '정신'은 자신의 내면적 조건을 뜻한다. 외적인 조건에는 경제적 능력, 신분, 지위 등이 있고, 내면적 조건에는 학식, 지식 등이 있다. 이러한 조건들은 모두 상대적인 것들이다. '나는 저 사람보다 돈이 더 많다', '저 사람보다는 내가 더 많이 안다'와 같이 절대적인 기준이 아니라 상대적인 기준에 따라서 결정되는 조건들이다.

자존감을 키우기 위해서는 이러한 상대화된 가치에서 자유로워져야 한다. 남보다 잘 난 내가 아니라 있는 그대로의 내 모습과 내 능력, 내 일을 아끼고 소중하게 생각하는 마음을 가지라는 것이 장자 식 자존감 수업이다.

마음의 수양을 통해 흔들리지 않는 바위와 같은 강한 자존감을 갖게 되면 그것이 바로 도(道)를 통하는 것이다. 그러한 상태에 이르면 스티브 잡스가 말한 것처럼 아무리 어려운 역경이 닥쳐도 나는 나를 사랑하게 되고 나를 믿게 되고 끝까지 희망을 잃지 않게 된다.

자존감을 키우는
남자의 인생수업

내가 진실로 너희에게 이르노니 너희가 여기 내 형제 중에

지극히 작은 자 하나에게 한 것이 곧 내게 한 것이니라.

《신약성경》 마태복음 25장 40절

요즘은 많이 달라졌지만 한동안 부엌일은 주로 여자의 전
유물이었다. 유교적 관습 때문이었겠지만 남자가 손에 물을 묻히면
체면이 손상된다고 여겼다. 필자는 공자와 맹자를 추종하는 유교가
아니라 노자와 장자를 추종하는 도교가 동양사회의 지배 이데올로기
로 자리 잡았다면 이런 관습이 달라졌으리라 생각한다. 그 근거로 제
시할 수 있는 우화가 《장자》 응제왕 편에 나온다. 다소 긴 우화라 요
약해서 소개한 후 원문은 핵심적인 구절(밑줄 친 부분)만 소개한다.

정나라에 계함이라는 유명한 무당이 있었다. 계함은 사람들의 길

흉화복뿐만 아니라 죽는 날짜까지 알아맞힌다. 정나라 사람들은 이런 계함을 만나면 행여 자기를 보고 '당신 내일 죽는다'라고 할까봐 도망치기에 바빴다. 호자의 제자인 열자가 계함을 만나본 후 그 신통함에 반해서 흥분된 마음으로 스승을 찾아가서 이렇게 말한다.

"지금까지 스승님이 최고인 줄 알았는데 스승님보다 더 뛰어난 사람을 만났습니다."

호자는 혀를 끌끌 차면서 제자를 나무란다.

"네가 오랜 세월 내 밑에서 수양을 했는데 헛공부를 했구나."

그러고는 무당을 자신에게 한 번 데려오라고 말한다. 열자는 계함을 스승에게 데려간다. 호자를 만나고 나온 계함은 열자에게 이렇게 말한다.

"애석하지만 당신의 스승은 곧 죽는다."

열자가 이 말을 전하자 호자는 다음 날 계함을 다시 데려오라고 말한다. 호자를 두 번째 만나고 나온 계함은 이번에는 이렇게 말한다.

"나를 만난 것이 효험이 있었는지 당신 스승이 죽을 고비를 넘겼다."

그 말을 전해들은 호자는 열자에게 계함을 다시 데려오라고 말한다. 호자를 세 번째 만나본 계함은 이번에는 아무런 말도 하지 않고 혼비백산 줄행랑을 친다. 열자가 스승에게 그 이유를 묻자 호자는 이렇게 말한다.

"자연의 질서에 순응하여 자유자재로 변하는 내 모습을 보여주었더니 깜짝 놀라서 도망간 것이다."

열자는 자신의 부족함을 뉘우치면서 학업을 중단하고 귀향한다. 그리고 3년간 두문불출하며 아내를 위해 밥을 짓고, 돼지에게 밥을 챙겨주었으며, 편견과 아집을 버리고 마음의 순박함을 회복했다. 주변이 아무리 분주해도 중심을 잃지 않고 자신의 본모습을 지켰으며 그 후로도 시종일관 그런 삶의 태도를 유지했다.

然後 列子自以爲未始學而歸 三年不出
연 후 열 자 자 이 위 미 시 학 이 귀 삼 년 불 출

爲其妻爨 食豕如食人 於事無與親 雕琢復朴
위 기 처 찬 식 시 여 식 인 어 사 무 여 친 조 탁 복 박

塊然獨以其形立 紛而封哉 一以是終
괴 연 독 립 이 기 형 립 분 이 봉 재 일 이 시 종

《장자》 응제왕 편

《장자》에는 '실천적 관점'에서 도(道)에 이르는 행동들을 묘사한 경우가 거의 없다. 그래서 대부분의 우화가 뜬구름 잡는 소리처럼 들린다. 하지만 위의 우화는 예외다. 호자의 제자 열자가 도의 세계에 이르기까지 실천한 세 가지 수행을 '구체적'으로 언급하고 있다.

첫째, 열자는 아내를 위해 밥을 지었다.

위기처찬(爲其妻爨)이라는 원문에 나오는 찬(爨) 자는 나무를 넣고 불을 때는 부엌의 아궁이를 형상화한 글자인데 밥을 짓는다는 의미로 쓰였다.

둘째, 열자는 돼지에게 밥을 챙겨 먹였다.

식시여식인(食豕如食人)이라는 원문에 나오는 시(豕) 자는 돼지를 뜻하며, 눈여겨볼 대목은 돼지에게 밥을 먹이되(食豕) 사람에게 밥을 먹이는 것과 똑같이(如食人) 했다는 점이다.

셋째, 열자는 편견과 아집을 버리고 만물을 공평하게 대함으로써 마음의 소박함을 회복했다.

이 중에서 셋째 행동은 아내를 위해 밥을 짓고 돼지의 밥을 챙겨주는 앞의 두 가지 행동에 대한 부연설명이라고 할 수 있다. 아내와 돼지를 위해 밥을 챙겼다는 것은 만물을 차별적으로 대하지 않았다는 의미이며, 자기중심적 생각을 버렸다는 의미다. 따라서 실천적 관점에서 중요한 것은 첫째와 둘째 행동이다. 3년간 하루도 빠짐없이 아내를 위해 부엌일을 하는 것과 돼지에게 정성껏 밥을 챙겨주는 것은 무척 번거롭고 귀찮은 일이다. 가족과 타인, 동물과 자연을 위해 헌신함으로써 도의 세계에 이른다는 것이 우화의 가르침이다.

장자가 말하는 도의 세계란 나에 대한 절대적인 믿음을 가지고 외물에 흔들리지 않는 '극강의 자존감을 획득한 상태'를 말한다. 장자는 손에 물을 묻히고 동물에게 밥을 챙겨주는 행위가 남자로서, 인간으로서 자존심을 구기는 일이 아니라 자존감을 키우기 위한 인생수업이라고 말한다.

외편

내가 좋아하는 것을
하면서 살아라

> **"**
>
> 자존감이 충만한 사람에는 여러 유형이 있지만 예외 없는 공통점이 한 가지 있다.
>
> 자기 마음대로 인생을 산다는 것이다. 높은 자존감으로
>
> 좋은 질의 삶을 살고 싶다면 자신이 살고 싶은 대로 살아야 한다.
>
> **"**
>
> 남인숙, 《여자의 모든 인생은 자존감에서 시작된다》

논어에서 말하는 군자(君子)를 장자 식으로 바꾸면 성인(聖人), 지인(至人), 도인(道人)이 된다. 철학이나 사상의 프레임을 들이대며 요모조모 따지면 다르다고 할 수 있지만, 삶이라는 테두리에서 일별하면 결국 같은 말이 된다.

군자든 성인이든 이들의 공통점은 모두가 '자존감 종결자'라는 것이다. 이들은 자기 책임의식이 강하고, 외적인 성취보다는 내면적 평화를 더 소중하게 여긴다.

반면에 자존감이 약한 사람은 일이 잘 안 풀리면 상대방을 탓한다. '네가 조금만 거들어주었어도 할 수 있었을 텐데', '너 때문에 망했

어' 같은 말을 입에 달고 산다. 취미생활도 오락도 독서도 스스로 좋아하는 것을 하지 않고, 남들이 좋아하니까 남들이 많이 하니까 따라서 한다.《논어》에서는 이런 사람을 '소인(小人)'이라고 하고,《장자》에서는 이들을 '변무(駢拇)', '도척(盜跖)' 등에 비유한다. '변무'는 엄지발가락과 둘째 발가락이 붙은 기형아를 일컫는 말이고, '도척'은 희대의 도둑을 가리킨다.

내가 말하는 좋다는 것은 인의를 일컫는 것이 아니라 스스로 깨달은 것을 좋게 여기는 것이다. 내가 말하는 좋다는 것은 사람들이 말하는 인의(仁義)를 따라하는 것이 아니라 자기 본성에 따라 주체적으로 행하는 것이다. 내가 말하는 귀가 밝다는 것은 남의 말을 추종하는 것이 아니라 스스로 내면의 소리를 듣는 것이다. 내가 말하는 눈이 밝다는 것은 남의 것을 보는 것을 일컫는 것이 아니라 스스로 자신의 내면을 들여다보는 것이다.

스스로를 보지 못하고 남의 것을 보거나, 스스로 원하는 바를 얻지 못하고 남들이 원하는 것을 얻는 것은 스스로 만족해하는 것이 아니라 남들이 얻어주는 것을 만족해하는 것이다. 남의 즐거움을 즐거워하고 자신의 즐거움을 스스로 즐거워하지 못하는 것이다. 자신의 즐거움을 스스로 즐거워하지 못한다면 도척과 백이라 할지라도 이는 마찬가지로 지나치고 치우친 것이다.

吾所謂臧者 非仁義之謂也 臧於其德而已矣
오 소 위 장 자 비 인 의 지 위 야 장 어 기 덕 이 이 의

吾所謂臧者 非所謂仁義之謂也 任其性命之情而已矣
오 소 위 장 자 비 소 위 인 의 지 위 야 임 기 성 명 지 정 이 이 의

吾所謂聰者 非謂其聞彼也 自聞而已矣
오 소 위 총 자 비 위 기 문 피 야 자 문 이 이 의

吾所謂明者 非謂其見彼也 自見而已矣
오 소 위 명 자 비 위 기 견 피 야 자 견 이 이 의

夫不自見而見彼 不自得而得彼者
부 부 자 견 이 견 피 부 자 득 이 득 피 자

是得人之得 而不自得其得者也 適人之適
시 득 인 지 득 이 부 자 득 기 득 자 야 적 인 지 적

而不自適其適者也 夫適人之適 而不自適其適
이 부 자 적 기 적 자 야 부 적 인 지 적 이 부 자 적 기 적

雖盜跖與伯夷 是同爲淫僻也
수 도 척 여 백 이 시 동 위 음 벽 야

《장자》 변무 편

위의 우화에서 '인의(仁義)'는 남들이 짜놓은 삶의 프레임 혹은 외
피(外皮)를 말한다. 장자는 그 틀에 맞춰 사는 사람은 듣는 것도 보는
것도 좋아하는 것도 남들을 추종할 뿐이지 스스로의 판단과 의지, 기
호에 따라 하지 못한다고 말한다. 그러한 삶은 타인의 삶을 모방하는
것이지 자신의 참된 삶이 아니다.

자존감은 스스로를 존귀하게 여기는 마음가짐이다. 장자는 내 생
각, 내 시각, 내 청각이 세상 사람들의 것과 조금 달라도 그것을 믿고

사랑하고 즐기라고 말한다. 내 마음속에 내가 좋아하는 꽃을 하나 심어놓고 시간 날 때마다 물을 주고 소중하게 돌보면 자존감도 무럭무럭 자라게 되고 내 삶의 행복지수도 높아진다.

욕심을 내려놓고
소박하게 살아라

내가 영향을 받은 것이 있다면 마하트마 간디와 소로의 간소한 삶일 것이다.

간소하게 사는 것은 가장 본질적인 삶이다.

복잡한 것은 비본질적이다. 단순하고 간소해야 한다.

법정, 《아름다운 마무리》

두 켤레의 샌들, 평생 동안 손에서 놓지 않고 읽었던 힌두교 경전《바가바드 기타》, 밥그릇, 안경. 간디가 숨을 거둘 때 남긴 재산목록이다.

소로는 간디의 삶에 가장 큰 영향을 미친 미국의 사상가였다. 간디는 소로의《월든》을 읽고 그의 자연주의와 무소유를 삶의 지렛대로 삼았다. 법정 스님도 죽음을 맞는 순간까지《월든》을 곁에 두고 읽었으며 간디와 소로보다 더 간소한 삶을 살다 갔다. 열반할 때 그가 남긴 것은 이부자리 하나와 베개 하나 그리고 소로의《월든》이 전부였다.

소로는 월든 호숫가에서 자신이 직접 통나무로 집을 짓고 자연을 벗하면서 살았다. 하버드를 나온 수재였지만 삶의 본질에 충실하기 위해 남들과 다른 길을 택했다. 느릿느릿 숲속을 걸으면서 일출과 일몰을 온몸으로 맞이하는 것, 바람이 전해주는 이야기를 듣고 기록하는 것, 언덕이나 나무의 망루에 올라가 눈보라와 폭풍우를 응시하는 것. 소로는 일주일 중 엿새를 그렇게 살았고, 나머지 하루는 먹을 것을 재배하고 채취하는 노동에 할애했다.

최근에는 소로의 이러한 자연주의적 삶에서 모티브를 따온 텔레비전 프로그램도 등장했다. 나영석 PD가 연출한 tvN의 〈숲속의 작은 집〉이라는 프로그램이다. 제목만 봐도 월든 호수와 소로가 떠오른다. 피관찰자 두 사람(소지섭, 박신혜)에게 주어진 미션(해와 함께 눈 뜨기, 물소리 담아오기 등)도 소로의 일상을 연상시킨다.

장자가 권장하는 삶의 방식도 소로나 간디, 법정의 그것과 똑같다. 시기적으로 보면 세 사람이 추구한 자연주의적 삶의 원조가 바로 장자다. 장자는 인위적인 욕심을 내려놓고 소박하고 검소하게 사는 것이 인간의 본질에 가장 충실한 삶이라고 말한다.

말은 발굽으로 서리나 눈을 밟고 털로 바람과 추위를 막는다. 풀을 뜯고 물을 마시며 발을 들어 뛰니 이것이 말의 참된 본성이다. 높은 누대나 큰 방은 말에게 아무런 소용이 없다. 그런데 백락이 나서서 '나는 말을 잘 다룬다'라고 하면서 털을 태우고 자르고 발굽을 깎고 낙인을 찍고 고삐로 얽어매고 마구간에 묶어 놓자 열 마리 가운데 두세 마리의 말이 죽어나갔다. 밥을 굶기고 목마르게 하고 날뛰게 하고 나란히 떼 지어 가게 하고 재갈을 물리고 가죽 채찍과 대나무 채찍으로 위협을 가하자 열 마리 가운데 반이 죽어 나갔다.

도공이 나서서 '나는 찰흙을 잘 다룬다. 둥근 것은 그림쇠에 맞고 네모난 것은 곱자에 맞춘다'라고 자랑하며, 목수가 나서서 '나는 나무를 잘 다룬다. 굽은 것은 갈고리에 맞고 곧은 것은 먹줄에 잘 맞춘다'라고 자랑한다. 하지만 찰흙이나 나무의 본성이 어찌 그림 쇠, 곱자, 갈고리, 먹줄에 맞기를 바라겠는가.

사정이 이러함에도 세상 사람들은 백락은 말을 잘 다루었고, 도공 과 목수는 찰흙과 나무를 잘 다루었다고 칭송한다. 하지만 이것은 천하를 다스리는 자의 잘못이다. 내 생각은 이와 다르다. 이렇게 한다고 천하가 잘 다스려지지는 않는다. 백성들에게는 변치 않는 본성이 있으니 그들은 길쌈하여 옷을 지어 입고 밭을 갈아서 먹고 산다.

馬 蹄可以踐霜雪 毛可以禦風寒 齕草飮水
마 제 가 이 천 상 설 모 가 이 어 풍 한 흘 초 음 수

翹足而陸 此馬之眞性也 雖有義臺路寢 無所用之
교 족 이 륙 차 마 지 진 성 야 수 유 의 대 로 침 무 소 용 지

及至伯樂 曰 我善治馬 燒之剔之刻之雒之
급 지 백 락 왈 아 선 치 마 소 지 척 지 각 지 락 지

連之以羈馽 編之以皁棧 馬之死者十二三矣
연 지 이 기 칩 편 지 이 조 잔 마 지 사 자 십 이 삼 의

飢之渴之馳之驟之整之 齊之 前有橛飾之患
기 지 갈 지 치 지 취 지 정 지 제 지 전 유 궐 식 지 환

而後有鞭筴之威 而馬之死者已過半矣
이 후 유 편 책 지 위 이 마 지 사 자 이 과 반 의

陶者曰 我善治埴 圓者中規 方者中矩
도 공 왈 아 선 지 식 원 자 중 규 방 자 중 구

匠人曰 我善治木 曲者中鉤 直者應繩
장 인 왈 아 선 치 목 곡 자 중 구 직 자 응 승

夫埴木之性 豈欲中規矩鉤繩哉 然且世世稱之曰
부 식 목 지 성 기 욕 중 규 구 구 승 재 연 차 세 세 칭 지 왈

伯樂善治馬 而陶匠善治埴木 此亦治天下者之過也
백 락 선 치 마 이 도 장 선 치 식 목 차 역 치 천 하 자 지 과 야

吾意善治天下者不然 彼民有常性 織而衣 耕而食
오 의 선 치 천 하 자 불 연 피 민 유 상 성 직 이 의 경 이 식

《장자》마제 편

　위 우화에서 말을 잘 다루는 백락과 찰흙을 잘 다루는 도공, 나무를 잘 다루는 목수, 이 세 사람은 '인위적인 욕심'을 상징하는 인물들이다. 이들은 자신들의 욕심을 채우기 위해 말과 찰흙, 나무의 자연적 본성을 훼손한다. 발굽으로 자연 속을 달리고, 털로 추위를 막고, 풀을 뜯어 먹고 물을 마시는 것이 말의 본성이고, 그 본성대로 살게 하는 것이 자연의 이치인데, 인간이 나서서 재갈을 물리고 낙인을 찍고 채찍질을 가한다. 찰흙이나 나무도 자연 속에 존재할 때는 정해진 모

양이나 규격이 없지만 인간들이 나서서 이리저리 깎고 비틀고 다듬는다.

사람의 본성도 원래는 소박하고 검소하다. 장자는 이를 '직접 길쌈해서 옷을 지어 입고(織而衣 직이의), 직접 밭을 갈아서 먹고 산다(耕而食 경이식)'라는 문장으로 표현한다. 하지만 인간들이 만들어낸 문명적 질서와 제도적 규범 때문에 욕망이 늘어나고 삶의 양식이 복잡해진다. 장자와 소로, 간디, 법정 스님은 스스로 삶의 방식을 결정하고, 그 방식대로 살았다. 욕심을 내려놓고 자연이 주는 것을 먹고 마시면서 간소하고 검소하게 살았다. 아쉬워서 남들에게 손을 내밀지도 않았고, 부를 축적하기 위해 중노동에 시달리지도 않았다. 꼭 필요한 노동만 하고 나머지 시간은 삶을 충만하게 채우는 일에 집중했다. 인류 역사에서 이들보다 더 단단한 자존감을 가진 사람이 있었을까? 노자는 이러한 삶의 모습을 다음과 같이 간결하게 정리해서 가르친다.

'소박한 것을 찾아서 지니되, 욕심을 줄여라.'
見素抱朴 少私寡欲 견소포박 소사과욕

《도덕경》 19장

얻고 싶으면 버리고
감추고 싶으면 내보여라

66

김중배의 다이아반지가 그렇게도 탐나더란 말이냐?

99

영화 〈이수일과 심순애〉

다이아몬드는 부의 상징이다. 이수일과 심순애가 연애를 하던 100년 전이나 지금이나 그 사실에는 변함이 없다. 다이아몬드보다 더 단단한 광물이 발견되기 전까지 이 공식은 깨지지 않을 것이다. 비싼 물건이기에 감정도 까다롭고 유통과정도 일반적인 소비재와는 달리 지극히 폐쇄적인 프로세스에 따라 이루어진다. 다이아몬드를 취급하는 보석상이나 개인적으로 다이아몬드를 보유하고 있는 사람들은 혹시나 도난당할까봐 겹겹으로 보안장치를 해둔다.

그런데 최근 이러한 상식에 변화가 일고 있다. 블록체인이라는 기술이 발견되면서다. 블록체인은 비트코인 열풍 때문에 대중들에게 많이 알려졌다. 그 핵심은 만인에 대한 만인의 공개주의를 채택한다는 것이다. 블록체인은 은행장부와 같은 역할을 하는 거래원장을 금고에 꽁꽁 숨기는 것이 아니라 모든 사람에게 공개한다. 블록체인은 그런 역발상으로 그동안 미해결 과제로 남아있던 보안문제를 완벽하게 해결할 수 있는 기술적 가능성을 선보였다.

영국의 스타트업기업인 에버레저는 이러한 블록체인 기술을 다이아몬드에 응용해 대박을 터뜨렸다. 에버레저는 등록된 다이아몬드의 이력을 숨기지 않고 낱낱이 공개하는 방식으로 보안성을 더 강화했다. 누군가가 훔친 다이아몬드를 처분하기 위해 시장에 내놓으면 단박에 '아, 저거 누구누구 거'라는 사실이 밝혀져서 도난을 원천적으로 불가능하게 만든 것이다. 에버레저에는 전 세계 160만 개의 다이아몬드가 등록(공개)되어 있다. 에버레저는 보안을 버림으로써 절대 보안을 얻었으며 이런 전략으로 전 세계 부호들의 마음을 사로잡는 데 성공했다.

장자는 이러한 블록체인 기술의 등장을 2천 5백 년 전에 이미 예견했다. 거협 편에 나오는 다음 우화를 통해 그 사실을 확인할 수 있다.

"상자를 열고 자루를 뒤지며 궤짝을 열려는 도둑을 방지하기 위해 물건 주인은 금은보화를 담아둔 상자를 노끈으로 꽁꽁 묶고 자물쇠로 튼튼하게 채운다. 이것이 상식이다. 하지만 이렇게 철저하게 보안장치를 해두어도 큰 도둑이 들면 아무 소용이 없다. 궤짝을 통째로 짊어지고 달아나면 속수무책이다.

도둑은 달아나면서 혹시나 상자를 묶은 노끈이 튼튼하지 못해 궤짝 속에 든 물건들이 유실될까봐 걱정한다. 그렇다면 결국 물건 주인이 궤짝을 꽁꽁 매고 자물쇠를 채운 것은 도둑을 이롭게 하는 것이다."

將爲胠篋 探囊 發匱之盜 而爲守備
장 위 거 협 탐 낭 발 궤 지 도 이 위 수 비

則必攝緘 縢 固扃 鐍 此世俗之所謂知也
즉 필 섭 함 등 고 경 휼 차 세 속 지 소 위 지 야

然而巨盜至 則負匱 揭篋 擔囊而趨
연 이 거 도 지 즉 부 궤 게 협 담 낭 이 추

唯恐緘 縢 扃 鐍之不固也
유 공 함 등 경 휼 지 불 고 야

然則 鄕之所謂知者 不乃爲大盜積者也
연 즉 향 지 소 위 지 자 불 내 위 대 도 적 자 야

《장자》 거협 편

나아가 장자는 이 도둑에게 금은보화궤짝을 통째로 도둑질당한 이야기의 범위를 국가 간의 문제에까지 확장한다.

"전성자가 하루아침에 제나라 임금을 죽이고 그 나라를 도둑질했는데 훔친 것이 어디 나라뿐이겠는가? 그동안 국가의 똑똑한 사람들이 지혜를 짜내어 애써 이룩해놓은 법도 함께 도둑질했다."

田成子 一旦 殺齊君 而盜其國
전 성 자 일 단 살 제 군 이 도 기 국

所盜者 豈獨其國邪 並與其聖知之法 而盜之
소 도 자 기 독 기 국 야 병 여 기 성 지 지 법 이 도 지

《장자》 거협 편

국가가 아무리 법제도를 완벽하게 갖추고 안보를 튼튼하게 해도 쿠데타나 전쟁이 일어나 정권 담당자들을 갈아치우면 국가가 통째로 넘어간다. 그러면 국가의 법제도나 안보 시스템이 결국 그런 큰 도둑 (쿠데타 세력이나 승전국)을 이롭게 한다는 것이다. 장자는 이런 큰 도둑을 사라지게 하려면 '재물과 지혜를 버려야 한다'라고 이야기한다.

"그러므로 성스러움을 없애고 지혜를 버리면 큰 도둑이 사라지고, 옥을 던져버리고 구슬을 깨버리면 작은 도둑이 일어나지 않는다."

故絶聖棄知 大盜乃止 摘玉毀珠 小盜不起
고 절 성 기 지 대 도 내 지 척 옥 훼 주 소 도 불 기

《장자》 거협 편

필자는 블록체인 기술을 개발한 나카모토 사토시가 위의 《장자》의 우화에서 영감을 받았을 수도 있다고 생각한다. 그 근거는 다음과 같다. 나카모토 사토시를 한자로 쓰면 中本哲史(중본철사)가 된다. 중국의 中, 일본의 本, 철학의 哲, 역사의 史를 합성한 형태다. 자연인이

이런 이름을 쓰는 경우도 없지 않지만 흔치 않은 이름이다. 실제로 이런 이름을 가진 자연인을 언론이 추적해보았지만 그 사람은 비트코인 개발과 무관한 것으로 밝혀졌다. 그렇다면 왜 그런 이름을 썼을까? 중국과 일본을 포함한 동양문화권의 인문학적 가치를 비트코인과 블록체인 기술 개발의 명분으로 내세우려는 전략적 의도가 아니었을까?

블록체인은 '버림으로써 얻는다'라는 장자의 사상을 기술적으로 구현해냈다. 우리의 마음은 어떨까? 우리는 마음속에 많은 것을 쌓아두고 싶어 한다. 나만의 성공, 나만의 비답노트, 나만의 비밀을 만들어 견고한 성처럼 마음속에 꽁꽁 감추고 싶어 한다. 하지만 마음속의 그런 욕망들이 결코 '자존감'을 키워주지는 않는다. 오히려 마음만 허해질 뿐이다.

장자는 감추고 싶으면 먼저 내보이고, 얻고 싶으면 먼저 버리라고 말한다. 그런 후 마음속에서 '텅 빈 충만감'을 느낄 때, 비로소 나의 자존감이 견고하게 구축된다는 것이 장자의 조언이다.

있는 그대로를
인정하고 받아들여라

> **"**
> 있는 그대로가 좋다. 있는 그대로를 받아들이는 게 좋다.
> 있는 그대로를 받아들이고 발전하는 내가 좋다.
> **"**
>
> 조유미, 《나, 있는 그대로 참 좋다》

　사람들은 체면을 중시한다. 그래서 잠깐 외출할 때도 얼굴에 뭐든 찍어 발라야 하고, 자주 보는 이웃집을 방문할 때도 음료수한 박스라도 사서 들고 간다. '내 생얼을 보면 얼마나 실망할까?', '빈손으로 가면 야박하다고 할 거야'라고 생각하지만 정작 상대는 생얼이든 빈손이든 크게 상관하지 않는다. 자기 스스로 자신을 받아들이지 못하기 때문에 생얼과 빈손을 창피하게 생각하는 것이다.

　자존감의 출발점은 '있는 그대로의 나를 인정하고 받아들이는 것'이다. 인정하고 받아들이지 않으면 나 스스로를 내가 존중할 수 없기 때문이다. 자존감은 외부 환경이나 주변의 시선에 의해 영향을 받기도 하지만, 자신의 모습을 스스로 인정하고 받아들이는 태도에 의해 더 많은 영향을 받는다. 자존감을 갉아먹는 것은 타인이 아니라 자기를 믿지 못하는 '스스로에 대한 불신감'이다.

"있는 그대로를 인정하고 받아들인다는 말은 들었으나 천하를 다스린다는 말은 듣지 못했다. 있는 그대로를 인정한다는 것은 천하 사람들이 그 본성을 어지럽히는 것을 염려하는 것이고, 있는 그대로를 받아들인다는 것은 천하 사람들이 그 덕을 떠나는 것을 염려하는 것이다. 천하 사람들이 그 본성을 어지럽게 하지 않고 그 덕을 떠나지 않는다면 굳이 천하를 다스릴 일이 뭐가 있겠는가.
옛날 요임금이 천하를 다스릴 때는 사람들이 흔쾌히 본성을 즐기게 했으니 이는 사람들의 마음을 들뜨게 한 것이다. 반대로 걸임금이 천하를 다스릴 때는 사람들이 고달파 하고 힘들어 했으니 이는 사람들의 마음을 착 가라앉게 한 것이다.
도(道)의 입장에서 보면 요임금의 치세나 걸임금의 치세나 둘 다 덕치(德治)라고 말할 수 없다. 무위(無爲)가 아니기 때문이다. 덕이 아니면서 오래갈 수 있는 것은 천하에 아무것도 없다."

聞在宥天下 不聞治天下也 在之也者
문 재 유 천 하 불 문 치 천 하 야 재 지 야 자

恐天下之淫其性也 宥之也者 恐天下之遷其德也
공 천 하 지 음 기 성 야 유 지 야 자 공 천 하 지 천 기 덕 야

天下不淫其性 不遷其德 有治天下者哉

천 하 불 음 기 성   불 천 기 덕   유 치 천 하 자 재

昔堯之治天下也 使天下欣欣焉 人樂其性

석 요 지 치 천 하 야   사 천 하 흔 흔 언   인 락 기 성

是不恬也 桀之治天下也 使天下瘁瘁焉

시 불 념 야   걸 지 치 천 하 야   사 천 하 췌 췌 언

人苦其性 是不愉也

인 고 기 성   시 불 유 야

夫不恬不愉 非德也 非德也而可長久者 天下無之

부 불 념 불 유   비 덕 야   비 덕 야 이 가 장 구 자   천 하 무 지

《장자》 재유 편

장자의 사상을 한마디로 압축한 '무위자연(無爲自然)'은 '있는 그대로를 인정하고 받아들인다'라는 의미다. 자연은 꾸미지 않는다. 봄에 피는 꽃이 아름답다고 사계절 내내 그 모습을 고집하지도 않고, 앞서 가는 강물이 느리게 흐른다고 뒤따라오는 강물이 빨리 가라고 재촉하지도 않는다. 입사시험이나 승진에 실패한 내 모습이 부끄럽다고 나를 다르게 꾸밀 필요는 없다. 백수면 백수, 만년 과장이면 만년 과장, 있는 그대로의 내 모습을 인정하고 받아들여야 인간관계가 위축되지 않고 자존감도 떨어지지 않는다. 백수에게는 백수의 삶이 있고, 만년 과장에게는 만년 과장의 삶이 있다. 있는 그대로의 삶을 즐기면서 또 다른 내일을 준비하는 것이 삶을 대하는 현명한 자세이고, 그러한 마음가짐으로 살아야 백수도 탈출할 수 있고 승진도 할 수 있다.

문명의 이기에
집착하지 마라

> **"**
>
> 김병수, 기억해라. 넌 살인자다. 넌 치매환자다.
> 그리고 넌 지금 살인마 민태주를 잡으러 간다.
> 민태주 그놈은 연쇄살인범이다.
>
> **"**
>
> 영화 〈살인자의 기억법〉

　　문명은 동전의 양면과 같다. 이로움을 주는 이기(利器)가 되기도 하지만 해로움을 주는 흉기가 되기도 한다. 평화로운 시기에 비행기는 빠른 시간에 사람을 실어 날라 공간이동에 소요되는 불필요한 시간을 절약하게 해주지만, 전쟁이 나면 핵폭탄을 실어 나르는 흉기로 돌변한다. 스마트폰은 실생활에 필요한 정보를 제공해주고 학습도구로 유용하게 쓰이기도 하지만, 때로는 사람의 일상을 감시하고 범죄를 사주하는 도구로 쓰이기도 한다. 영화 〈살인자의 기억법〉에 나오는 김병수(설경구 분)의 손에는 항상 스마트폰이 들려있지만 치매환자인 그에게 이런 최첨단 정보통신기기는 영혼이 빠져나간 시체에 지나지 않는다.

냉장고가 없던 시절에는 음식을 해서 남으면 상하기 전에 이웃과 나눠먹는 자연스러운 관습이 있었다. 그런데 냉장고가 등장하면서 남은 음식이 이웃의 담을 넘는 것이 아니라 냉장고 속으로 들어가 버렸다. 냉장고의 발명으로 식생활에 혁명적인 변화가 일어났지만 반대급부로 공동체의 나눔문화가 사라진 것이다.

장자는 일찍이 이런 '문명의 양면성'을 간파하고 사람이 본연의 모습을 회복하기 위해서는 문명의 이기에서 한 발짝 물러나 자연으로 돌아가야 한다고 말한다.

공자의 제자 자공이 남쪽으로 초나라를 유람하고 진(晉)나라로 돌아오는 길에 한수(漢水)의 남쪽을 지나다가 한 노인이 채소밭을 가꾸고 있는 것을 보았다. 우물을 판 후 직접 그 속에 들어가서 물동이로 물을 길어 나와 밭에다 물을 주는데 힘만 많이 들고 효과는 적어 보였다. 그래서 자공이 말했다.

"기계로 하면 하루에 백 고랑에 물을 줄 수 있습니다. 힘을 적게 쓰고 효과는 무척 큽니다. 그렇게 한 번 해보시지요?"

그러자 밭을 가꾸던 노인이 고개를 들어 자공을 쳐다보면서 말했다.

"어떻게 하는 것이오?"

이에 자공이 기계에 대해 상세하게 설명했다.

"나무를 깎아 만드는데 뒤는 무겁고 앞은 가볍습니다. 물을 퍼 올리는 것이 빨아 당기는 것 같아 그 빠르기가 물이 넘치듯 합니다.

이름을 용두레라 합지요."

이에 노인이 밭을 가꾸다 말고 얼굴을 잠시 붉히다가 웃으면서 말했다.

"내가 일전에 스승에게서 들었는데 기계가 있으면 반드시 기계를 쓸 일이 있게 되고 기계를 쓸 일이 있게 되면 반드시 기계에 대해 사심을 품게 된다고 하오. 사심을 품게 되면 마음의 순수함이 사라지고 영혼과 본성이 제 모습을 잃게 된다는 것이오. 영혼과 본성이 제 모습을 잃게 되면 도(道)에서 멀어지는 것이오. 내가 기계를 쓸 줄 몰라서 안 쓰는 것이 아니외다. 다만 그런 수치스러운 일이 생길까봐 쓰지 않는 것뿐이오."

이에 자공은 고개를 숙인 채 대꾸할 말을 잃고 말았다.

子貢南遊於楚 反於晉 過漢陰見 一丈人方將爲圃畦
자공남유어초 반어진 과한음견 일장인방장위포휴

鑿隧而入井 抱甕而出灌 滑滑淵用力甚多 而見功寡
착수이입정 포옹이출관 골골연용력심다 이견공과

子貢曰 有械於此 一日浸百畦 用力甚寡 而見功多 夫子不欲乎?
자공왈 유계어차 일일침백휴 용력심과 이견공다 부자불욕호?

爲圃者 仰而視之曰 奈何? 曰 鑿木爲機 後重前輕 挈水若抽
위포자 앙이시지왈 내하? 왈 착목위기 후중전경 설수약추

數如泆湯 其名爲槹 爲圃者忿然作色而笑曰 吾聞之吾師
삭여일탕 기명위고 위포자분연작색이소왈 오문지오사

有機械者 必有機事 有機事者 必有機心 機心存於胸中

유 기 계 자 심 유 기 사 유 기 사 자 필 유 기 심 기 심 존 어 흉 중

則純白不備 純白不備 則神生不定 神生不定者 道之所不載也

즉 순 백 불 비 순 백 불 비 즉 신 생 부 정 신 생 부 정 자 도 지 소 부 재 야

吾非不知 羞而不爲也 子貢瞞然慙 俯而不對

오 비 부 지 수 이 불 위 야 자 공 문 연 참 부 이 부 대

《장자》 천지 편

우화에 나오는 용두레는 문명 혹은 외물을 상징한다. 문명의 이기
나 외물이 주는 편리함에 마음을 지나치게 빼앗기면 매사를 나 아닌
다른 것에 의존하는 경향을 띠게 된다. 조금만 불편해도 기계를 찾게
되고, 머리 쓰는 일 자체를 귀찮아하게 된다. 빗자루를 이용해서 간단
하게 치울 수 있는 것도 진공청소기에 의존하게 되고, 과제를 할 때
는 자신의 생각이 아니라 인터넷 서핑을 통해 해결하려 든다. 이런
성향이 굳어지면 자존감도 떨어질 수밖에 없다. 매사를 누군가에게
의존하려는 사람이 자신을 존중하거나 신뢰하기는 어렵기 때문이다.
　장자의 말처럼 생활의 불편함을 조금 감수하더라도 순박한 본성을
지키면서 사는 것이 자존감 형성에 더 도움이 된다.

그칠 줄 알아야
위태롭지 않다

>**"**
>길이 없으면 길을 찾고,
>찾아도 없으면 길을 닦아가면서 나가면 된다.
>**"**

정주영, 《시련은 있어도 실패는 없다》

현대그룹을 일으켰던 정주영 회장은 기업인들 사이에서 신화적인 존재로 불렸다. 그에게는 항상 탱크 같은 추진력이라는 수식어가 따라다녔다. 그는 길이 없으면 스스로 길을 만들었고, 그 길은 산업화시대 한국경제의 성장을 견인하는 고속도로 역할을 했다. 경제인으로 그쳤으면 정주영 회장의 신화는 아름다운 기억으로 남았을 테지만, 인생 말년 정치인으로 변신을 꾀하다가 참담한 실패를 맛본 후 경제인 정주영의 신화도 퇴색되었다. 시련은 있어도 실패는 없다고 한 그였지만 현실은 그렇지 않았다. 자신의 길이 아닌데도 억지로 밀어붙이다가 인생을 얼룩지게 만든 것이다.

"자신이 어리석음을 아는 사람은 크게 어리석은 것이 아니고 자신이 미혹됨을 아는 사람은 크게 미혹된 것이 아니다. 크게 미혹된 사람은 죽을 때까지 이해하지 못하고 크게 어리석은 사람은 죽을 때까지 깨닫지 못한다. 셋이 길을 가는데 한 사람이 미혹되면 목적지에 도달할 수 있으니 미혹된 사람의 수가 적기 때문이다. 하지만 두 사람이 미혹되면 아무리 애를 써도 목적지에 이를 수 없으니 미혹된 사람의 수가 많기 때문이다. 지금은 온 천하가 미혹되어 있어 내가 비록 바라고 지향하는 바가 있어도 이룰 수 없으니 또한 슬프지 아니한가.

위대한 음악은 귀에 잘 들어가지 않지만 절양이나 황과 같은 속된 음악은 귀에 쏙쏙 들어간다. 그래서 그걸 들으면 좋아서 웃고 떠든다. 같은 이치로 고상한 말도 여러 사람의 마음에 잘 들어가지 않는다. 지극한 말이 나오지 않는 것은 속된 말이 우세하기 때문이다. 두 갈래로 모두가 미혹되어 있어서 목적지에 제대로 도달하지 못하는 것이다.

지금은 온 천하가 미혹되어 있다. 내가 비록 갈 곳이 있다 해도 어찌 그곳에 도달할 수 있겠는가. 갈 수 없음을 뻔히 알면서도 억지로 밀어붙이는 것도 하나의 미혹이다. 그러므로 그것을 가만히 놓아둔 채 밀어붙이지 아니함만 못하다. 밀어붙이지 않고 순리대로 하면 무슨 근심이 있겠는가."

知其愚者 非大愚也 知其惑者 非大惑也
지 기 우 자　비 대 우 야　지 기 혹 자　비 대 혹 야

大惑者 終身不解 大愚者 終身不靈
대 혹 자 종 신 불 해 대 우 자 종 신 불 령

三人行而一人惑 所適者猶可致也 惑者少也
삼 인 행 이 일 인 혹 소 적 자 유 가 치 야 혹 자 소 야

二人惑則勞而不至 惑者勝也
이 인 혹 즉 노 이 부 지 혹 자 승 야

而今也以天下惑 予雖有祈嚮 不可得也 不亦悲乎!
이 금 야 이 천 하 혹 여 수 유 기 향 불 가 득 야 불 역 비 호 !

大聲不入於里耳 折楊皇荂 則嗑然而笑
대 성 불 입 어 리 이 절 양 황 과 즉 합 연 이 소

是故高言不止於衆人之心 至言不出 俗言勝也
시 고 고 언 부 지 어 중 인 지 심 지 언 불 출 속 언 승 야

以二缶鐘惑 而所適不得矣 而今也以天下惑
이 이 부 종 혹 이 소 적 부 득 의 이 금 야 이 천 하 혹

予雖有祈嚮 其庸可得邪 知其不可得而強之
여 수 유 기 향 기 용 가 득 야 지 기 불 가 득 이 강 지

又一惑也 故莫若釋之而不推 不推 誰其比憂
우 일 혹 야 고 막 약 석 지 이 불 추 불 추 수 기 비 우

《장자》 천지 편

　　정주영은 대통령이 되어 천하를 호령함으로써 정치인들에게 당한 수모를 되갚아 주겠다는 어리석은 생각에 미혹되어 있었다. 그것이 미혹된 것임을 깨닫고 자신의 자리로 되돌아갈 줄 알았어야 하는데

그는 억지로 밀어붙였다. 자신의 어리석음을 몰랐기 때문에 크게 어리석은 사람이 되었고, 자신의 미혹됨을 깨닫지 못했기 때문에 크게 미혹된 사람이 되고 말았다.

삶에서 추진력은 중요하다. 나약한 것보다는 강인한 의지를 가지고 삶을 적극적으로 개척하는 자세가 더 중요하다. 하지만 그러한 개척정신을 발휘하기에 앞서 자신의 길을 헤아릴 줄 아는 명철한 분별력부터 갖추어야 한다. 앞뒤 재지 않고 막무가내로 밀어붙이는 독불장군과 추진력은 다르다. 자신의 길이 아니라는 판단이 서면 그곳에 멈춰 서서 되돌아갈 줄도 알아야 한다. 자존심 때문에 억지로 밀어붙이는 것은 심히 어리석고 미혹된 행동이다. 노자도《도덕경》에서 이렇게 말한다.

'그칠 줄 알면 위태롭지 않다.'

知止不殆 지지불태

《도덕경》 44장

때로는 침묵이
자존감을 지켜준다

> **"**
>
> 옳게 또 떳떳하게 행동하는 사람은 말이 아니라 오직 그러한 사실만으로도
> 불행을 견디어 낼 수 있다는 것을 나는 입증하고 싶다.
>
> **"**
>
> 로맹 롤랑, 《베토벤의 생애》

침묵은 회피나 방관, 의견 없음과는 다르다. 의제를 놓고 토론하는 테이블 위에서 한 마디 말도 하지 않은 채 침묵하는 것은 '나는 아무것도 모르는 바보'임을 만인 앞에서 선포하는 것이다. 이때는 아무리 진부한 의견도 침묵보다는 낫다. 일상적인 대화에서도 침묵은 금물이다. 상대는 최선을 다해 자기 생각을 말하는데 꿀 먹은 벙어리처럼 입을 다물고 있으면 원만한 인간관계를 유지할 수 없다.

하지만 반대의 경우도 있다. 합리적인 근거가 없는 상대방의 비난에 대해서는 침묵이 오히려 자존감을 지켜주는 방패가 되기도 한다. 이때의 침묵은 '나는 내 신념이 옳고 정당하다는 사실을 추호도 의심

하지 않는다'라는 무언의 메시지를 상대에게 던지는 가장 강력한 의사표현이다. 베토벤은 자신에 대한 세간의 비난을 침묵으로 견디어 냈으며 침묵함으로써 더 크고 위대한 음악을 탄생시켰다.

노자는《장자》에서 대화의 주체로 자주 등장한다. 천도 편에 나오는 다음 우화도 그런 경우다.

사성기가 노자를 만나서 물었다.

"저는 선생님이 성인이라는 말을 들었습니다. 그래서 먼 길을 마다않고 선생님을 뵙기 위해 왔습니다. 먼 길을 오느라 발이 부르텄지만 선생님을 만나겠다는 일념으로 쉬지 않고 왔습니다. 그런데 막상 선생님을 만나보니 실망스럽기 그지없습니다. 선생님은 성인이 아닙니다. 쥐들이 있는 곳을 보니 음식물 찌꺼기가 있는데 음식물을 그렇게 함부로 버리는 것은 인(仁)이 아닙니다. 날것과 익은 음식이 지천으로 널릴 정도로 곡식이 쌓였는데 또 거두어들이다니요. 정말 낭비가 심합니다."

노자는 묵묵히 있을 뿐 아무런 대꾸를 하지 않았다. 사성기가 다음 날 노자를 다시 찾아와서 말했다.

"어제는 제가 선생님을 심하게 비난했는데 오늘은 마음이 차분해졌습니다. 무슨 까닭입니까?"

그러자 노자가 말했다.

"나는 내가 뛰어난 지혜와 신묘한 성스러움을 가진 사람이라는 생각에서 벗어났소. 어제 그대가 나를 소라고 불렀다면 나는 나를 소라고 생각했을 것이고, 나를 말이라고 불렀으면 말이라고 생각했을 것이오. 진실로 그러한 실상이 있어 남들이 그에게 이름을 붙여주는데도 받아들이지 않는다면 거듭 재앙을 받게 될 것이오. 나는 따를 것에 항상 따르지만 그 따름에 무슨 이유가 있어서 따르는 것이 아니라오. 그냥 묵묵히 받아들이는 것일 뿐이오."

士成綺見老子而問曰 吾聞夫子聖人也 吾固不辭遠道而來
사 성 기 견 노 자 이 문 왈 오 문 부 자 성 인 야 오 고 불 사 원 도 이 래

願見 百舍重趼 而不敢息 今吾觀子 非聖人也
원 견 백 사 중 견 이 불 감 식 금 오 관 자 비 성 인 야

鼠壤有餘蔬 而棄妹之者 不仁也 生熟不盡於前 而積斂無崖
서 양 유 여 소 이 기 매 지 자 불 인 야 생 숙 부 진 어 전 이 적 렴 무 애

老子漠然不應 士成綺明日復見 曰 昔者吾有刺於子
노 자 막 연 불 응 사 성 기 명 일 복 견 왈 석 자 오 유 자 어 자

今吾心正卻矣 何故也 老子曰 夫巧知神聖之人 吾自以爲脫焉
금 오 심 정 각 의 하 고 야 노 자 왈 부 교 지 신 성 지 인 오 자 이 위 탈 언

昔者子呼我牛也 而謂之牛 呼我馬也 而謂之馬 苟有其實
석 자 자 호 아 우 야 이 위 지 우 호 아 마 야 이 위 지 마 구 유 기 실

人與之名而弗受 再受其殃 吾服也恒服 吾非以服有服
인 여 지 명 이 불 수 재 수 기 앙 오 복 야 항 복 오 비 이 복 유 복

《장자》 천도 편

사성기의 말에는 합리적인 근거가 없다. 사람 사는 집안에서 쥐들이 드나드는 곳에 음식물 찌꺼기가 놓여있는 것은 지극히 자연스러

운 일이다. 또한 음식을 조리해서 먹다보면 남을 수도 있는데 그렇다고 곳간을 텅 비울 수는 없는 노릇이다. 노자가 사성기의 말에 대거리를 했다면 괜한 시비만 붙었을 가능성이 높다. 그래서 노자는 침묵했다. 사성기는 다음 날 다시 와서 자신이 경솔했음을 인정했다. 노자는 침묵함으로써 불필요한 감정의 낭비를 줄였으며 자존감도 지켰다.

침묵이 항상 금일 수는 없다. 하지만 상황에 따라서는 침묵이 훨씬 더 효과적인 소통수단이 될 수 있다. 세월 호 희생자들의 유족들이 마스크를 끼고 침묵시위를 벌이는 장면은 사람들에게 백 마디 말보다 더 큰 울림을 주었다. 침묵은 사람이 낼 수 있는 소리 중에서 가장 큰 소리다.

자존감은
나에 대한 당당함이다

> 자기 자신의 삶에 대한 당당한 애정, 하나밖에 없다는 소중함을 가지면 자본이든
> 권력이든 어떤 것에도 휘둘리지 않아요. 자긍심이 있어야 해요. 자유정신만이
> 자긍심을 가져요. 누가 나를 죽인다 해도 '땡큐'인 거죠. '내가 무서운가 보다.
> 내가 당당하게 사는데 내가 죽는다고 해서 무슨 상관이야.' 이런 정신이죠.

강신주, 《맨얼굴의 철학 당당한 인문학》

자존감은 당당함이다. 나에 대한 당당함, 나의 삶에 대한 당당함, 그것이 자존감이다. 당당한 자존감으로 무장한 사람은 죽음마저도 두려워하지 않는다. 당당하기 때문에 그렇다. 죽음을 두려워하지 않으면 세상에서 두려워할 것이 아무것도 없다. 돈, 권력, 사랑, 명예. 어떤 것도 두렵지 않다.

다프네는 태양의 신 아폴론의 구애를 거절하다가 죽음을 맞는다. 그리고 월계수로 환생한다. 아폴론은 미남이고 올림포스 공화국에서 제우스에 버금가는 권력자였다. 하지만 다프네에게 중요한 것은 나만의 삶이었다. 잘생긴 얼굴로 유혹하고, 막강한 권력으로 강요했지

만 다프네는 당당하게 맞섰다.

"나는 당신을 좋아하지 않아요!"

올림픽에서는 마라톤 우승자에게 당당한 자존감의 상징으로서 월계수의 잎을 엮어 만든 월계관을 씌워준다. 자신과의 고독한 대결에서 이긴 사람에게 주어지는 최고의 왕관이다.

어느 날 제(齊)나라 환공(桓公)이 대청마루 위에서 책을 읽고 있었다. 이때 윤편이라는 궁중 목수가 대청 아래에서 수레바퀴를 깎고 있다가 망치와 끌을 손에서 놓더니 환공에게 물었다.

"감히 묻겠습니다. 임금님께서 읽고 계신 것은 무슨 말씀입니까?"

이에 환공이 대답했다.

"성인의 말씀이니라."

윤편이 다시 물었다.

"성인은 지금 살아계십니까?"

환공이 '죽었다'라고 하자 윤편은 이렇게 말한다.

"그렇다면 임금님께서 읽고 있는 것은 옛사람의 찌꺼기일 뿐입니다."

화가 난 환공은 윤편에게 이렇게 말했다.

"과인이 책을 읽고 있는데 수레바퀴를 깎는 자가 감히 시비를 따지다니 마땅한 근거를 대면 살려주겠지만 그렇지 못할 경우 죽음을 면치 못할 것이다."

이에 윤편은 이렇게 말한다.

"신(臣)이 신의 직업인 목수 일을 예로 들어 말씀드리겠습니다. 수레바퀴를 깎을 때 지나치게 느슨하게 하면 헐거워서 수레와 바퀴의 아귀가 맞지 않게 됩니다. 반대로 너무 빡빡하게 하면 꽉 조여서 수레에 바퀴를 끼울 수가 없게 됩니다. 느슨하지도 않고 빡빡하지도 않게 하는 기술은 신의 몸과 마음으로 체득한 것이라 말로는 전할 수가 없습니다. 그래서 자식에게 깨우쳐줄 수가 없고 제 자식은 그것을 저한테서 물려받을 수가 없습니다. 제가 나이 일흔이 되도록 수레바퀴를 깎고 있는 것은 기술의 이러한 이치 때문입니다. 옛날 사람은 그 전할 수 없는 도(道)와 함께 죽었습니다. 그러니 임금님께서 읽고 계신 것은 옛사람의 찌꺼기일 뿐입니다."

桓公讀書於堂上 輪扁斲輪於堂下 釋椎鑿而上 問桓公曰
환공독서어당상 윤편착륜어당하 석추착이상 문환공왈

敢問 公之所讀者何言邪? 公曰 聖人之言也 曰 聖人在乎?
감문 공지소독자하언야? 공왈 성인지언야 왈 성인재호?

公曰 已死矣 曰 然則君之所讀者 故人之糟魄已夫!
공왈 이사의 왈 연즉군지소독자 고인지조박이부!

桓公曰 寡人讀書 輪人安得議乎! 有說則可 无說則死
환공왈 과인독서 윤인안득의호! 유설즉가 무설즉사

輪扁曰 臣也以臣之事觀之 斲輪 徐則甘而不固 徐則苦而不入
윤편왈 신야이신지사관지 착륜 서즉감이불고 서즉고이불입

不徐不疾 得之於手 而應於心 口不能言 有數存焉於其間
불서부질 득지어수 이응어심 구불능언 유수존언어기간

臣不能以喩臣之子 臣之子亦不能受之於臣
신 불 능 이 유 신 지 자 신 지 자 역 불 능 수 지 어 신

是以行年七十而老斲輪 古之人 與其不可傳也死矣
시 이 행 년 칠 십 이 노 착 륜 고 지 인 여 기 불 가 전 야 사 의

然則君之所讀者 故人之糟魄已夫!
연 즉 군 지 소 독 자 고 인 지 조 박 이 부 !

《장자》 천도 편

제나라 환공은 춘추전국시대 최초의 패자(霸者)로 천하를 호령한 군주였다. 그 환공이 읽고 있는 책을 일개 목수인 윤편이 옛사람의 찌꺼기일 뿐이라고 했으니 군주의 입장에서 볼 때 망발도 그러한 망발이 없었다. 환공은 당장 윤편의 목을 벨 기세였다. 하지만 윤편은 당당하게 맞섰다. 죽음 앞에서도 위축되지 않고 당당하게 자신의 소신을 피력했다.

《장자》에는 윤편의 말을 들은 후 환공이 어떤 태도를 취했는지에 대한 기록이 없다. 하지만 환공을 40년 동안 보좌한 제나라의 명재상 관중이 쓴 《관자》에는 환공이 고개를 끄덕이며 윤편의 목숨을 살려주었다는 기록이 있다. 윤편은 권력에 당당함으로 맞서 자존감을 지켰다.

권력과 재벌의 유착 비리를 용기 있게 폭로한 故 노회찬 의원에게서도 우리는 윤편과 같은 기개를 엿볼 수 있다. 그는 살아있는 권력에 당당하게 맞서 싸움으로써 자존감을 지키고 세상의 빛과 소금이 되었다.

나다움으로 승부하라

> **"**
> 면접관이 궁금한 건 취업 스터디에서 만든
> 완벽한 스펙을 갖춘 당신이 아닌, 진짜 당신입니다.
> **"**
>
> 이영순, 삼성전자 상무

기대면 편하다. 의지할 수 있기 때문이다. 권위에 기대면 비난이나 실수를 줄일 수 있고, 전통에 기대면 중간은 할 수 있다. 하지만 더 이상의 발전은 없다. 꿈을 성취하려면 '나다움'으로 승부해야 한다. 중세가 암흑기로 기록된 이유는 신(神)에게 지나치게 의존했기 때문이고, 자본주의 체제에서 살아가는 사람들의 정신이 허기진 이유는 물질에 지나치게 의존하기 때문이다. 신에 대한 의존을 버리고 인간다움을 찾기 시작하면서 중세의 암흑기를 탈출할 수 있었듯이 정신의 허기를 채우려면 물질에 대한 의존도를 낮춰야 한다.

공자가 서쪽에 있는 위나라로 유세를 떠나게 되자 안연이 태사(太師)인 금(金)에게 물었다.

"저희 선생님의 행차가 어떠리라고 보십니까?"

이에 금이 대답했다.

"안타깝지만 그대의 선생님은 아마 곤궁에 처할 것입니다."

안연이 그 까닭을 묻자 금은 이렇게 말한다.

"짚으로 만든 개(芻狗 추구)는 제사에 진설되기 전에는 대바구니에 담기고 아름답게 수놓은 천으로 덮인 채 제사를 주관하는 사람이 목욕재계한 후 정성껏 받들어 올립니다. 하지만 제사가 끝난 뒤에는 길거리에 버려져서 길 가는 사람들이 머리와 등을 밟고 나무하는 사람이 집으로 가져가 아궁이에 던져 땔감으로 씁니다. 만약 누군가가 이것을 다시 가져다가 대바구니에 담고 아름답게 수놓은 천으로 덮은 채 그 곁에 누워 잠을 잔다면 그는 결코 좋은 꿈을 꿀 수가 없으며 자주 가위눌리게 될 것입니다.

지금 그대의 선생님은 옛 성왕들이 이미 제사에 썼던 짚으로 만든 개를 가져다가 제자들을 모아놓고 그 곁에 누워서 잠을 잡니다. 그래서 송나라에서는 사마환퇴의 공격을 받아 몸은 피했지만 나무가 잘리게 되었고, 위나라에서는 군주의 경고를 받고 쫓겨나다시피 떠났습니다. 이것이 바로 그런 꿈이 아니겠습니까? 진(陳)나라와 채(蔡)나라 사이에서는 포위된 채 이레 동안 밥을 지어먹지 못했으며 그로 인해 죽을 고비를 맞았으니 이것이 가위눌림이 아니고 무엇이겠습니까?"

孔子西遊於衛 顔淵問師金 曰 以夫子之行爲奚如?
공자서유어위 안연문사금 왈 이부자지행위해여?

師金曰 惜乎 而夫子其窮哉 顔淵曰 何也? 師金曰
사금왈 석호 이부자기궁재 안연왈 하여? 사금왈

夫芻狗之未陳也 盛以篋衍 巾以文繡 尸祝齊戒以將之
부추구지미진야 성이협연 건이문수 시축제계이장지

及其已陳也 行者踐其首脊 蘇者取而爨之而已
급기이진야 행자천기수척 소자취이찬지이이

將復取而盛以篋衍 巾以文繡 遊居寢臥其下
장부취이성이협연 건이문수 유거침와기하

彼不得夢 必且數眯焉 今而夫子 亦取先王已陳芻狗
피부득몽 필차삭미언 금이부자 역취선왕이진추구

聚弟子游居寢臥其下 故伐樹於宋 削跡於衛
취제자유거침와기하 고벌수어송 삭적어위

窮於商周 是非其夢邪? 圍於陳蔡之間
궁어상주 시비기몽야? 위어진채지간

七日不火食 死生相與隣 是非其眯邪?
칠일불화식 사생상여린 시비기미야?

《장자》천운 편

금이 말한 짚으로 만든 개, 즉 추구(芻狗)는 '전통'과 '권위'를 의미
한다. 장자는 추구에 빗대어 공자가 요순시대의 성현들에 기대어 유
교를 설파하는 것을 비판하고 있다. 장자가 보기에 유교는 나다움을

추구(追求)하는 학문이 아니라 한물간 낡은 사상에 기대어 혹세무민하는 학문이다.

　나다움으로 승부하려면 나만의 보검을 갈고닦아야 한다. 반짝반짝 빛나는 보검으로 무장하면 세상이 두렵지 않다. 중천에 떠 있는 태양이 외로움을 느끼지 않듯이 홀로 있어도 외롭지 않다. 내 앞을 가로 막는 장애물이 나타나면 단칼에 베어버리고 거침없이 나아갈 수 있다. 보검의 손잡이에 새겨져 있는 세 글자, 그것이 바로 '자존감'이다.

남의 걸음걸이
흉내 내지 마라

> "
>
> 하느님께서 이 자연 속에 각종 초목이 자라게 하였듯이
>
> 사람에게도 여러 가지 재능의 씨앗을 뿌려놓았다.
>
> 남을 모방하지 말고 작든 크든 나만의 독창적인 노래를 불러라.
>
> "
>
> 라 로슈푸코

서양 속담에 이런 말이 있다.

'자두나무에서는 사과가 열리지 않는다(There is making no apples of plums).'

'콩 심은 데 콩 나고 팥 심은 데 팥 난다'라는 우리 속담도 같은 의미를 갖고 있다. 사람은 각자에게 맞는 달란트가 주어져 있으며 자신의 달란트를 얼마나 유용하게 쓰느냐에 따라 삶의 가치가 결정된다. 내 달란트가 사과이면 그 사과를 세상에서 가장 예쁘고 맛있는 사과로 키우려고 노력하면 된다. 옆에 있는 자두나 배가 맛있어 보인다고 자두나 배를 키우려고 애쓸 필요는 없다. 장자는 '한단지보(邯鄲之步)'

라는 우화를 통해 흉내 내는 사람의 어리석음을 꾸짖는다.

"그대는 저 수릉(壽陵)의 젊은이가 한단(邯鄲)에서 걸음걸이를 배웠던 일에 대해 들어본 적이 없는가? 그 젊은이는 한단의 멋진 걸음걸이를 미처 터득하기도 전에 자신의 원래 걸음걸이마저도 잊어버렸다네. 그래서 집으로 돌아갈 때는 기어서 갔다네. 지금 그대가 돌아가지 않으면 그대가 가지고 있는 본성과 지금까지 배워왔던 학문마저도 잃어버릴 걸세."

그 말을 듣자 공손룡은 입이 딱 벌어진 채 한 마디도 하지 못하고 줄행랑을 쳤다.

且子獨不聞壽陵餘子之學行於邯鄲與
차 자 독 불 문 수 릉 여 자 지 학 행 어 한 단 여

未得國能 又失其故行矣 直匍匐而歸耳
미 득 국 능 우 실 기 고 행 의 직 포 복 이 귀 이

今子不去 將忘子之故 失子之業
금 자 불 거 장 망 자 지 고 실 자 지 업

公孫龍 口呿而不合 舌擧而不下 乃逸而走
공 손 룡 구 거 이 불 합 설 거 이 불 하 내 일 이 주

《장자》 추수 편

수릉(壽陵)은 춘추전국시대 연나라의 수도였으며, 한단(邯鄲)은 조나라의 수도였다. 한단은 당대에 유행의 최첨단을 걷는 도시였는데 전

국의 젊은이들이 구름처럼 몰려들었다. 위 우화에 나오는 연나라의 젊은이도 그 중 한 명이었다.

그는 한단에 도착하자마자 그 당시 가장 유행하던 옷을 한 벌 쫙 빼입은 후 번화가로 나섰다. 그런데 지나가는 사람들의 걸음걸이를 보니 자신의 걸음걸이와는 달랐다. 그래서 이 젊은이는 자신이 촌사람이라고 놀림을 받을까봐 그들의 걸음걸이를 흉내 내기 시작했다. 그런데 그 젊은이는 한단의 걸음걸이를 미처 익히기도 전에 예전의 자기 걸음걸이마저 잊어버려서 연나라로 돌아갈 때는 엉금엉금 기어 갔다는 우화다.

이 우화에서 비롯된 '한단지보(邯鄲之步)'라는 고사성어는 어설프게 남을 흉내 내다가 자신의 고유한 주체성마저 잃어버리는 어리석은 사람을 일컫는 말로 쓰인다. '뱁새가 황새 따라하다 가랑이가 찢어진 다'라는 우리 속담도 한단지보와 같은 의미로 쓰인다.

모방은 제2의 창조라는 말도 있지만 이것은 기술에나 해당되는 것이다. 사람은 기술과 다르다. 기술에는 영혼이 없지만 사람에게는 영혼이라는 것이 있다. 게다가 모방은 아무리 잘해도 모방일 뿐 원래의 것이 될 수는 없다. 자존감은 내 달란트를 귀하게 여기는 마음에서 비롯되는 것이지 남의 달란트를 흉내 낸다고 높아지지는 않는다.

자존감을
저당 잡히지 마라

"

천당에 대한 확신이 있는 분이 천당을 마치 골고루 답사하고 온 것처럼
구체적으로 그려 보이는 설교를 들어본 적도 있습니다만
어쩐지 하나도 마음에 차지 않고 차라리 '개똥밭을 굴러도 이승이 좋다'라는
원색적인 속담이 훨씬 설득력 있게 들리는 걸 어쩔 수가 없습니다.

"

박완서, 《내가 꿈꾸는 부활》

말기 암 환자와 같이 의사에게서 시한부 삶을 선고받은 사
람은 더러 연명치료를 거부한 채 죽음을 선택하기도 한다. 이런 사람
들에게는 죽음이 삶보다 더 나은 선택일 수 있다. 하지만 이런 극단
적인 경우를 제외하고는 삶보다 나은 죽음은 없다. 고난과 역경으로
심한 좌절감을 느껴 자살을 선택하는 사람은 어떠한 경우에도 미화
될 수 없다.

육신의 호흡이 끊기는 것만이 죽음은 아니다. 권력의 시녀가 되어
굴종적인 삶을 살아가는 것도 죽은 목숨이나 진배없다. 장자는 아무
리 큰 영화를 누려도 권력의 그늘에서 비굴하게 사는 것보다는 강호

에서 낚시나 즐기면서 자유롭게 사는 것이 더 낫다고 말한다.

장자가 복수(濮水)에서 낚시를 하고 있는데 초나라 위왕의 심부름으로 대부 두 사람이 와서 말을 걸었다.

"왕께서 당신을 조정의 신하로 초빙하고자 합니다."

장자는 낚싯대를 잡은 채 돌아보지도 않고 말했다.

"내가 듣기로 초나라에 신령한 거북이 있는데 죽은 지 이미 3천 년이 되었어도 왕이 보(袱)로 싸고 상자에 넣어 종묘 안에 간직하고 있다고 했소. 이 거북의 본심이 무엇이겠소? 죽어서 뼈만 남은 채 귀해지기를 바라겠소, 아니면 진흙 속에서 꼬리를 끌어도 살기를 바라겠소?"

이에 두 대부가 말했다.

"그야 진흙 속에서 꼬리를 끌어도 살기를 바라겠지요."

장자가 말했다.

"돌아가시오. 나도 이와 같이 진흙 속에서 꼬리를 끌면서 살겠소."

莊子釣於濮水 楚王使大夫二人往先焉 曰 願以境內累矣
장 자 오 어 복 수 초 왕 사 대 부 이 인 왕 선 언 왈 원 이 경 내 루 의

莊子持竿不顧 曰 吾聞楚有神龜 死已三千歲矣
장 자 지 간 불 고 왈 오 문 초 유 신 귀 사 이 삼 천 세 의

王巾笥 而藏之廟堂之上 此龜者 寧其死為留骨而貴乎?
왕 건 사 이 장 지 묘 당 지 상 차 귀 자 영 기 사 위 류 골 이 귀 호?

寧其生而曳尾於塗中乎? 二大夫曰 寧生而曳尾塗中
영 기 생 이 예 미 어 도 중 호? 이 대 부 왈 영 생 이 예 미 도 중

莊子曰 往矣 吾將曳尾於塗中
장 자 왈 왕 의 오 장 예 미 어 두 중

《장자》 추수 편

죽은 몸으로 3천 년을 귀하게 떠받들어지는 거북보다는 진흙 속에서 꼬리를 끄는 한이 있어도 살아있는 거북이. 둘 중 하나를 선택하라면 누구나 후자를 선택할 것이다. 죽은 시체에 비단을 입히고 무덤을 호화롭게 장식한들 무슨 소용이 있겠는가. 어차피 죽은 목숨인데.

장자는 권력에 예속된 삶을 죽어 3천 년을 귀하게 떠받들어지는 거북에 비유했다. 그래서 그는 초나라 왕이 벼슬을 주겠다고 사람을 보내왔지만 눈 하나 깜짝하지 않고 거절했다.

개똥밭을 굴러도 이승이 좋은 것처럼 돈 때문에 내 자존감을 저당 잡힌 채 죽은 목숨처럼 사는 것보다는 찬물에 밥을 말아 먹으면서 살아도 내 마음대로 자유롭게 사는 삶이 더 나은 삶이다. 오늘날 소확행이나 워라밸(일과 삶의 균형, Work-life balance의 줄임말)과 같은 새로운 삶의 방식이 유행하게 된 이유도 이러한 맥락에서 이해할 수 있다. 조직에 매여 아등바등 살기보다는 돈을 조금 덜 벌어도 내가 좋아하는 일을 하면서 마음 편하게 사는 삶을 선호하는 사람들이 점점 더 늘고 있는 것이다.

두려워하지 말고
녹아들어라

"

가장 흔히 인용되는 프란치스코주의(Francisism) 중 하나는
'당신의 조직원들과 같은 향을 풍겨라'이다. 이것은 당신이 리드하려는
그룹에 완전히, 유의미한 방식으로 녹아들어야 한다는 말이다.

"

제프리 A. 크레임스,《사람을 얻는 프란치스코 리더십의 12가지 비밀》

자존감이 강하다고 조직과 잘 섞이지 못하는 것은 아니다.
오히려 그 반대다. 자존감이 강한 사람은 조직의 구성원들과 자연스
럽게 잘 어울리며 쉽게 하나가 된다. 나 자신을 무한히 신뢰하고 매
사에 긍정적인 마인드를 갖고 있으므로 의도적으로 타인을 배척하거
나 무리하게 자신을 내세울 필요가 없기 때문이다. 오히려 조직에 잘
스며들지 못하는 사람은 자존감이 약한 사람이다. 나의 주체적 능력
에 대한 믿음이 없기 때문에 타인을 대하는 태도도 어딘지 모르게 어
색하고 부자연스럽게 되는 것이다.

조직에 녹아들기 위해서는 구분적 사고를 버리고 타인과 내가 하

나라는 '물아일체(物我一體)의 관념'을 가져야 한다. 그러면 경계심과 두려움이 없어지고 타인이나 외물이 마치 내 몸인 듯 자연스럽게 동화된다. 장자는 소용돌이치는 폭포수의 비유를 들어 녹아듦의 원리를 설명한다.

공자가 여량(呂梁)을 구경하는데 폭포수가 삼십 길이나 되고 물거품이 사십 리에 이를 정도로 무시무시했다. 큰 자라와 악어도 헤엄을 칠 수 없을 정도로 물길이 사나웠다. 그런데 폭포수 속에서 한 젊은이가 수영을 하고 있었다. 공자는 젊은이가 무슨 괴로운 일이라도 있어 자살하려는 것이 아닌가 하고 생각했다. 그래서 제자로 하여금 물길을 따라가 구하도록 했다. 하지만 젊은이는 수백 보를 헤엄쳐 내려가다가 유유히 밖으로 빠져나와 머리를 풀어헤친 채 강둑을 걸으면서 노래를 불렀다. 공자가 따라가 그에게 물었다.

"나는 그대를 귀신인가 생각했는데 사람이구려. 어쩌면 그렇게 수영을 잘 할 수가 있소?"

젊은이가 대답했다.

"제게는 특별한 방법이 없습니다. 저도 다른 사람들처럼 처음에는 물보다 뭍이 편했습니다. 그런데 크면서 물이 자연스럽게 되었고, 성인(成人)이 되어서는 물을 운명처럼 받아들이게 되었습니다. 저는 소용돌이와 함께 들어가고 솟구치는 물결을 따라 밖으로 나옵니다. 특별히 다른 동작을 취하지는 않습니다. 그냥 물의 흐름에 자연스럽게 저를 맡길 뿐입니다. 이것이 제가 헤엄치는 방법입니다."

孔子觀於呂梁 縣水三十仞 流沫四十里
공 자 관 어 여 량 현 수 삼 십 인 유 말 사 십 리

黿鼉魚鼈之所不能游也 見一丈夫游之 以爲有苦而欲死也
원 타 어 별 지 소 불 능 유 야 견 일 장 부 유 지 이 위 유 고 이 욕 사 야

使弟子並流而拯之 數百步而出 被髮行歌而游於塘下
사 제 자 병 류 이 증 지 수 백 보 이 출 피 발 행 가 이 유 어 당 하

孔子從而問焉 曰 吾以子爲鬼 察子則人也 請問蹈水有道乎
공 자 종 이 문 언 왈 오 이 자 위 귀 찰 자 즉 인 야 청 문 답 수 유 도 호

曰 亡 吾無道 吾始乎故 長乎性 成乎命 與齊俱入
왈 망 오 무 도 오 시 호 고 장 호 성 성 호 명 여 제 구 입

與汨偕出 從水之道而不爲私焉 此吾所以蹈之也
여 골 해 출 종 수 지 도 이 불 위 사 언 차 오 소 이 답 지 야

《장자》 달생 편

여량 폭포수에서 헤엄치고 있는 젊은이를 박태환이라고 생각하면
위 대화가 쉽게 이해될 것 같다. 박태환에게 있어서 물과 자신은 하
나다. 그렇기 때문에 물에 대한 두려움도 경계심도 없다. 박태환은 수
영선수로서 자신을 존중하고 신뢰한다. 수영에 관한 한 자존감으로
똘똘 뭉쳐있다. 누가 뭐래도 크게 흔들리지 않고 물에 뛰어든다. 체계
적이고 조직적인 훈련 시스템이 결여되어 있고 훈련을 할 수 있는 시
설이 제대로 갖춰져 있지 않은 상황에서도 그는 묵묵히 자신의 길을

걸었다.《논어》에서 공자는 이렇게 말한다.

　"군자는 조직에 잘 녹아들면서도 자존감을 지키지만 소인은 자존감을 지키지 못하면서 조직에도 잘 녹아들지 못한다."

《논어》 자로 편

타인의 시선을
의식하지 마라

❝

인간은 타인의 눈길에서 지옥을 경험한다.

남의 눈길에서 벗어나는 게 얼마나 중요한지 모른다.

❞

사르트르

주변의 시선에 지나치게 예민하게 굴면 자존감이 흔들리기 쉽다. 자존감을 꾸준하게 유지하면서 살려면 외물의 작용에 대해 신경을 끄고 다소 둔감해질 필요가 있다. '쟤 왜 저래?', '꼴불견이네' 같은 주변의 말 한 마디 한 마디마다 신경을 곤두세우면 평정심을 유지하기 어렵고 자존감에도 상처를 받기 쉽다.

일본의 신경정신과 의사인 와타나베 준이치는 주변의 시선을 담담하게 받아들이는 태도나 마음자세를 '둔감력'이라고 표현한다. 그에 의하면 둔감력도 타고난 재능에 못지않게 중요한 능력이다. 주변의 시선에 신경을 끄고 얼마나 둔감해질 수 있느냐가 육체적·정신적 건

강, 인생의 성공과 실패를 좌우하는 바로미터라는 것이 그의 지론이다.

'성공과 실패는 꼭 재능에만 달린 게 아니다. 숨겨진 재능을 갈고 닦아 성장하려면 끈기 있고 우직한 둔감력이 필수다.'

와타나베 준이치, 《나는 둔감하게 살기로 했다》

장자는 악기 받침대를 만드는 목수의 비유를 들어 둔감력의 중요성을 강조한다.

재경(梓慶)이라는 목수가 나무를 깎아 거(鐻, 악기받침대)를 만들었는데 구경하는 사람들이 모두 귀신의 솜씨 같다며 칭찬을 아끼지 않았다. 노나라 임금이 그것을 보고나서 재경에게 물었다.

"자네 재주가 참으로 비상하군."

이에 재경이 대답했다.

"신(臣)은 그저 기술자에 불과하니 무슨 특별한 재주가 있겠습니까만 남다른 게 한 가지는 있습니다. 제가 거를 만들려고 마음먹으면 일단 기운을 불필요하게 소모하지 않고 목욕재계하여 마음을 고요하게 다스립니다. 재계를 한 후 사흘이 지나면 상이나 벼슬을 생각하지 않게 되고 닷새가 지나면 주위 사람들의 비난이나 칭찬, 제 솜씨의 뛰어남과 서투름도 생각하지 않게 되며, 이레가 지나면 저의 사지육신마저도 잊게 됩니다. 그럴 때는 조정대신들의 간섭도 염두에 두지 않게 되고 외부의 시선에서 완전히 자유로워집니

다. 그런 뒤 산속으로 들어가 나무의 본래 바탕을 살피면 감각이
지극해져 최상의 목재를 구할 수 있게 됩니다."

梓慶削木為鐻 鐻成 見者驚猶鬼神
재 경 삭 목 위 거　거 성　견 자 경 유 귀 신

魯侯見而問焉 曰 子何術以為焉
노 후 견 이 문 언　왈　자 하 술 이 위 언

對曰 臣工人 何術之有 雖然 有一焉
대 왈　신 공 인　하 술 지 유　수 연　유 일 언

臣將為鐻 未嘗敢以耗氣也 必齊以靜心
신 장 위 거　미 상 감 이 모 기 야　필 제 이 정 심

齊三日 而不敢懷慶賞爵祿 齊五日 不敢懷非譽巧拙
제 삼 일　이 불 감 회 경 상 작 록　제 오 일　불 감 회 비 예 교 졸

齊七日 輒然忘吾有四枝形體也 當是時也 無公朝
제 칠 일　첩 연 망 오 유 사 지 형 체 야　당 시 시 야　무 공 조

其巧專而外滑消 然後入山林 觀天性 形軀至矣
기 교 전 이 외 골 소　연 후 입 산 림　관 천 성　형 구 지 의

《장자》 달생 편

　기술이 뛰어난 사람을 일컫는 장인(匠人)은 단순하게 손재주만 좋
은 사람이 아니라 자신의 마음까지도 잘 다스릴 줄 아는 사람이다.
기술이 아무리 뛰어나도 돈에 연연하거나 주변의 시선을 지나치게
의식하면 마음이 흐트러진다. 그렇게 되면 제 아무리 뛰어난 장인이

라도 좋은 작품을 만들 수가 없다. 균열과 색상 오류 논란에 휩싸인 끝에 철거가 결정된 광화문 현판을 제작한 장인(匠人)도 그런 경우에 해당되지 않을까 싶다.

주변의 시선은 따가울 수도 있고, 차가울 수도 있고, 뜨거울 수도 있다. 그때마다 내 마음이 왔다 갔다 하면 자존감을 유지할 수 없다. 우화에 나오는 재경이라는 목수처럼 주변의 비난이나 칭찬에 연연해 하지 않고, 나아가 권력자의 압력에서도 자유로울 수 있어야 자존감 이 흔들리지 않는다.

인간관계는 물처럼
담담하게 하라

> **"**
> 모든 고민은 인간관계에서 비롯된다.
> **"**
>
> 기시미 이치로, 《미움 받을 용기》

반려동물을 키우는 사람들이 늘고 있는 추세다. 여러 가지 요인이 있겠지만 인간관계에서 오는 피로감도 그 중 하나가 아닐까 싶다. 반려동물을 키우려면 때 맞춰서 사료를 챙겨주고 똥오줌을 치워주고 아프면 병원에도 데려가고 하는 등의 소소하지만 귀찮은 일들을 감수해야 한다. 반면에 인간관계와는 달리 반려동물로 인해 마음에 상처를 받는 일은 없다. 주고받는 이해관계가 아니라 주기만 하는 일방적인 양육행위이므로 반려동물로 인해 서운해 할 일이 없기 때문이다.

갓난아기나 초등학교 저학년 정도까지의 아이들도 마찬가지다. 동물이 아니라 인간이기는 하지만 그 시기에는 부모자식 간의 관계가 내리사랑으로만 이루어지기 때문에 부모 입장에서 마음에 상처 받을 일이 생기지 않는다. 하지만 아이가 자라면서 부모자식 관계도 변한다. 아이에게 자아가 본격적으로 형성되면서 요구나 이해를 달리하는 경우가 생기고, 이로 인해 부모와 아이는 서로에게 상처를 주고받게 된다. 사회생활을 하면서 맺게 되는 인간관계에서는 더 말할 필요가 없다. 서로 다른 욕망, 이해가 수시로 충돌하고 갈등과 분쟁이 생긴다.

인간관계에서 오는 피로감을 줄이고 자존감을 훼손당하지 않으면서 살 수 있는 가장 좋은 방법은 무엇일까? 장자는 공자와 자상호(子桑雽)의 대화를 통해 '물처럼 담담한 인간관계'가 그 해법이라고 조언한다.

공자가 자상호에게 물었다.

"나는 노나라에서 두 번이나 추방당했고 송나라에서는 괴한의 습격을 받아 몸은 간신히 피했지만 나무가 잘렸고, 위나라에서는 군주에게서 쫓겨나다시피 했습니다. 송나라와 주나라에서는 곤궁에 처해졌고, 진나라와 채나라 사이에서는 포위되기도 했습니다. 제가 이러한 여러 환란을 겪으면서 인간관계가 더욱 소원해지고 제자와 친구들은 뿔뿔이 흩어졌습니다. 연유가 무엇인가요?"

자상호가 대답했다.

"당신은 가(假)나라 사람이 도망간 이야기를 듣지 못했습니까? 임회(林回)라는 사람이 천금의 구슬을 버리고 갓난아기를 업고 달아나자 어떤 사람이 물었습니다. '갓난아기는 천금의 구슬처럼 돈이 되는 것도 아니고 번거롭기만 한데 어째서 천금의 구슬을 버리고 갓난아기를 업고 달아났습니까?'

임회는 이렇게 말했습니다. '천금의 구슬은 이익으로 맺어져 있고 이 아이는 천륜으로 이어져 있습니다. 무릇 이익으로 맺어진 것은 곤궁과 재난, 근심이나 해로움에 쫓길 때 서로를 버리지만 천륜으로 이어진 것은 서로를 거둡니다. 서로를 거두는 것과 서로를 버리는 것은 하늘과 땅처럼 차이가 큽니다.'

군자의 인간관계는 물과 같이 담담하고 소인의 인간관계는 감주와 같이 달콤합니다. 군자는 담백하기 때문에 친해지고 소인은 달콤하기 때문에 관계가 단절되는 것이오. 까닭 없이 맺어진 것은 까닭 없이 멀어지는 법이오."

공자는 "잘 들었습니다"라는 말을 남기고 문득 무엇을 깨달은 것처럼 묵묵히 돌아가 학문을 그만두고 책을 버렸다.

孔子問子桑雽曰 吾再逐於魯 伐樹於宋 削跡於衛
공 자 문 자 상 호 왈 오 재 축 어 로 벌 수 어 송 삭 적 어 위

窮於商 周 圍於陳蔡之間 吾犯此數患 親交益疏 徒友益散 何與?
궁 어 상 주 위 어 진 채 지 간 오 범 차 수 환 친 교 익 소 도 우 익 산 하 여?

子桑雽曰 子獨不聞假人之亡與? 林回棄千金之璧 負赤子而趨
자 상 호 왈 자 독 불 문 가 인 지 망 여? 임 회 기 천 금 지 벽 부 적 자 이 추

或曰 為其布與 赤子之布寡矣 為其累與 赤子之累多矣
혹 왈 위 기 포 여 적 자 지 포 과 의 위 기 누 여 적 자 지 루 다 의

棄千金之璧 負赤子而趨 何也 ? 林回曰 彼以利合 此以天屬也
기 천 금 지 벽 부 적 자 이 추 하 야 ? 임 회 왈 피 이 이 합 차 이 천 속 야

夫以利合者 迫窮禍患害相棄也 以天屬者 迫窮禍患害相收也
부 이 이 합 자 박 궁 화 환 해 상 기 야 이 천 속 자 박 궁 화 환 해 상 수 야

夫相收之與相棄亦遠矣 且君子之交淡若水 小人之交甘若醴
부 상 수 지 여 상 기 역 원 의 차 군 자 지 교 담 약 수 소 인 지 교 감 약 례

君子淡以親 小人甘以絶 彼無故以合者 則無故以離
군 자 담 이 친 소 인 감 이 절 피 무 고 이 합 자 즉 무 고 이 리

孔子曰 敬聞命矣 徐行翔佯而歸 絶學捐書
공 자 왈 경 문 명 의 서 행 상 양 이 귀 절 학 연 서

《장자》 산목 편

맵고 짠 음식은 미각을 자극해서 식욕을 돋우지만 체내에 염분이
축적되면 장기적으로 건강을 해치게 된다. 간이 덜 된 음식은 싱거
워서 당장 먹을 때는 맛이 없어 보이지만 장기적으로 볼 때는 그것
이 오히려 건강에 도움이 된다. 인간관계도 마찬가지다. 간이라도 빼
줄 듯이 절친한 인간관계의 뒤에는 간을 빼주는 것 같은 고통이 따르
게 마련이다. 좋을 때는 한없이 좋지만 틀어지면 한없이 나쁘게 된다.
반면 물에 물탄 듯 술에 술탄 듯 담담한 인간관계는 이러한 후유증을
남기지 않는다.

'교담약수(交淡若水), 인간관계는 물처럼 담담하게 하라.'

인간관계 때문에 고민하고 상처받은 경험이 있는 사람이라면 누구나 장자의 이 조언이 가슴에 와 닿을 것 같다.

가난이 자존감까지
가난하게 하지는 않는다

"

가난이 조금 불편했던 것은 사실이다. 그러나 나는 결코 가난을
부끄러워하지 않았다. 왜냐하면 내가 노력해서 얻은 가난이 아니었기 때문이다.

"

앤드루 카네기

철강 왕 앤드루 카네기는 어린 시절 무척 가난했다. 헌 옷을 입은 그를 보고 아이들은 '걸레'라고 놀릴 정도였다. 하지만 카네기는 가난을 부끄러워하지 않았다. 오히려 큰 부를 축적하는 동력으로 삼았다. 카네기는 철강 왕이 된 후 기자가 성공의 비결을 묻자 '자신이 가난한 집의 아들로 태어났기 때문'이라고 말했다.

가난한 부모는 아이들 앞에서 늘 죄인 된 심정이다. 아이들이 기죽지 않게 하려면 남들처럼 좋은 옷도 사 입히고 용돈도 넉넉하게 줘야 하는데 살림이 쪼들리면 그게 안 되니 늘 미안한 마음을 감출 수 없게 된다. 카네기의 부모도 그랬을 것이다. 하지만 카네기의 말처럼 가

난이 부끄러워할 일은 아니다. 장자도 카네기와 똑같이 말한다.

장자는 가난했다. 거친 베옷을 입었고 옷이 해지면 기워서 입었다. 어느 날 장자가 위나라 왕을 만나게 되었다. 허리띠를 바르게 맺지만 구멍 난 신발은 노끈으로 묶은 채였다. 위왕이 말했다.
"선생은 비참해 보이는구려."
이에 장자가 말했다.
"가난한 것이지 비참한 것은 아닙니다. 선비가 도덕을 갖추고서 행동에 옮기지 못하는 것이 비참한 것입니다. 옷이 해지고 신발에 구멍이 난 것은 가난한 것이지 비참한 것은 아닙니다. 제가 가난한 것은 고른 세상을 만나지 못했기 때문입니다. 왕께서는 나무 위로 뛰어오르는 원숭이 이야기를 듣지 못하셨습니까?
원숭이는 녹나무, 가래나무, 장수나무를 만나면 나뭇가지를 휘어잡으면서 귀신같이 오르락내리락 합니다. 활을 잘 쏘는 예(羿)나 봉몽(蓬蒙)도 그를 조준할 수가 없습니다. 하지만 원숭이가 산뽕나무나 가시나무, 탱자나무를 만나게 되면 위태롭게 걷고 옆으로 보면서 흔들리고 떨면서 두려워합니다. 그 이유는 상황이 위급해져서 원숭이의 근육이나 뼈와 같은 신체기관에 이상이 생긴 것이 아니라 처한 상황이 불편해서 자신의 능력을 마음껏 펴지 못하기 때문입니다.
지금 어두운 임금과 어지러운 재상들 사이에 있게 되면 비참해지지 않으려 애를 써도 그것이 힘들게 됩니다. 은나라의 충신이었던 비간(比干)은 그래서 심장이 갈라진 것입니다."

莊子衣大布而補之 正緳係履 而過魏王

장 자 의 대 포 이 보 지 　정 혈 계 리 　이 과 위 왕

魏王曰 何先生之憊邪？ 莊子曰 貧也 非憊也

위 왕 왈 　하 선 생 지 비 야 ？ 　장 자 왈 　빈 야 　비 비 야

士有道德不能行 憊也 衣弊履穿 貧也 非憊也

사 유 도 덕 불 능 행 　비 야 　의 폐 리 천 　빈 야 　비 비 야

此所謂非遭時也 王獨不見夫騰猿乎？ 其得枏梓豫章也

차 소 위 비 조 시 야 　왕 독 불 견 부 등 원 호 ？ 　기 득 남 재 예 장 야

攬蔓其枝 而王長其間 雖羿蓬蒙不能眄睨也

남 만 기 지 　이 왕 장 기 간 　수 예 왕 몽 불 능 면 예 야

及其得柘棘枳枸之閒也 危行側視 振動悼慄

급 기 득 자 극 지 구 지 간 야 　급 행 측 시 　진 동 도 율

此筋骨非有加急而不柔也 處勢不便 未足以逞其能也

차 근 골 비 유 가 급 이 불 유 야 　처 세 불 편 　미 족 이 령 기 능 야

今處昏上亂相之間 而欲無憊 奚可得邪？

금 처 혼 상 난 상 지 간 　이 욕 무 비 　해 가 득 야 ？

此比干之見剖心徵也夫

차 비 간 지 견 부 심 장 야 부

《장자》 산목 편

가난하면 심리적으로 위축이 되는 것이 사실이다. 하지만 장자의
말처럼 가난하다고 자존감까지 가난해지지는 않는다. 비록 해진 옷
을 입어도 이웃에 해를 끼치지 않고 양심적으로 바르게 행동하면 어

떤 상황에서도 자존감을 지키면서 떳떳하게 살 수 있다.

어린 시절 부모의 가난을 부끄러워하지 않았던 카네기는 훗날 큰 부자가 된 후에도 부끄럽지 않게 살았다. 재산의 대부분을 사회에 환원했으며 자식들에게는 그보다 더 귀한 가르침을 유산으로 남겼다. 뉴욕 최대 공연장인 카네기홀과 세계 최고의 공과대학으로 꼽히는 카네기멜론대학은 카네기의 기부로 설립되었으며, 미국 내 3천여 개의 공공도서관도 그렇게 세워졌다.

돈은 쓰기 나름이고 가난은 마음먹기 나름이다. 돈 많은 재벌가의 인하무인 격 갑질들이 부끄러운 것이지 가난이 부끄러운 것은 아니다.

외모로 사람을
판단하지 마라

> ❝
> 옷차림에 대해 부담스럽게 생각하지 마세요, 엘리자베스.
> 그냥 당신 옷 중에서 다른 것보다 조금 나은 것을 입으면 됩니다.
> 캐서린 영부인께서는 옷차림이 소박하다고 안 좋게 생각하지는 않으실 겁니다.
> ❞
>
> 제인 오스틴,《오만과 편견》

옷이 날개라는 말이 있지만 사실 옷차림은 사람의 내면과 큰 관계가 없다. 화려하게 옷을 입는다고 해서 그 사람의 내면이 화려해지지는 않으며, 옷을 수수하게 입었다고 해서 그 사람의 내면이 빈약해지는 것도 아니다. 패션쇼의 런어웨이에서 모델들이 다양한 의상을 입고 워킹을 한다고 해서 모델들의 본성이 시시각각으로 변하는 것은 아니지 않은가. 상대에게 혐오감을 줄 정도가 아니라면 분수껏 자신의 처지에 맞게 입으면 된다.

학위나 학점, 자격증, 사회적 지위와 같은 각종 외형도 사람의 내면과 직접적인 관련성이 없다. 스펙은 남들에게 잘 보이기 위한 수단일 뿐 그 자체가 사람의 내면을 보증해주지는 않는다. 부나 권력이 사람의 인성과 비례한다면 인간관계가 그렇게 어렵지는 않을 것이다. 돈 많은 사람, 권력 있는 사람만을 골라서 사귀면 되니까 말이다. 하지만 현실은 정반대일 경우가 더 많다.

장자가 노나라 애공을 만났는데 애공이 장자에게 말했다.

"노나라에는 유학(儒學)을 공부하는 사람들이 많아 선생 밑에서 도를 배우려는 사람을 찾기 어려울 것입니다."

이에 장자가 말했다.

"노나라에는 유학하는 사람이 적습니다."

애공이 의아해하면서 물었다.

"아니 어째서 그렇소? 노나라에는 온통 유자(儒者)의 복장을 한 사람들인데 어째서 유자가 적다고 그러시오?"

장자가 대답했다.

"제가 듣기에 유자가 둥근 관을 쓰는 것은 하늘의 운행을 안다는 것이고, 모난 신발을 신는 것은 땅의 형태를 안다는 것이며, 허리에 패옥을 차는 것은 일을 처리하는 데 있어 결단력이 있다는 뜻입니다. 군자가 그런 도를 터득했다고 해서 반드시 그런 복장을 하는 것은 아니며, 그런 복장을 한다고 반드시 그런 도를 터득한 것도 아닙니다. 공께서 진정 그렇게 생각하신다면 나라에 다음과 같은 명령을 한 번 내려 보시지요? '이런 도가 없으면서도 이런 복장을 하는 자가 있으면 사형에 처한다'라고 말입니다."

이에 애공이 그런 명령을 내리자 닷새 만에 노나라에는 감히 그런 복장을 한 사람이 자취를 감추었다. 오직 한 사람만이 유자의 복장을 하고 대궐 문 안으로 들어섰다. 애공이 즉시 불러 나라의 일을 물으니 천변만화(千變萬化)하면서 막힘이 없었다. 장자가 말했다.

"노나라 전체에 유자는 단 한 사람뿐이군요. 이런데 어찌 유자가 많다고 할 수 있겠습니까?"

莊子見魯哀公 哀公曰 魯多儒士 少爲先生方者
장 자 견 노 애 공 애 공 왈 노 다 유 사 소 위 선 생 방 자

莊子曰 魯少儒 哀公曰 擧魯國而儒服 何謂少乎？
장 자 왈 노 소 유 애 공 왈 거 노 국 이 유 복 하 위 소 호？

莊子曰 周聞之 儒者冠圜冠者 知天時 履句屨者 知地形
장 자 왈 주 문 지 유 자 관 원 관 자 지 천 시 이 구 구 자 지 지 형

緩佩玦者 事至而斷 君子有其道者 未必爲其服也
완 패 결 자 사 지 이 단 군 자 유 기 도 자 미 필 위 기 복 야

爲其服者 未必知其道也 公固以爲不然 何不號於國中曰
위 기 복 자 미 필 지 기 도 야 공 고 이 위 불 연 하 불 호 어 국 중 왈

無此道而爲此服者 其罪死？ 於是哀公號之伍日
무 차 도 이 위 차 복 자 기 죄 사？ 어 시 애 공 호 지 오 일

而魯國無敢儒服者 獨有一丈夫儒服而立乎公門
이 노 국 무 감 유 복 자 독 유 일 장 부 유 복 이 입 호 공 문

公卽召而問以國事 千轉萬變而不窮
공 즉 소 이 문 이 국 사 천 전 만 변 이 불 궁

莊子曰 以魯國而儒者一人耳 可謂多乎?

장자 왈 이 노 국 이 유 자 일 인 이 가 위 다 호 ?

《장자》전자방 편

제인 오스틴의《오만과 편견》에서 엘리자베스는 다아시를 사랑했
지만 그의 무뚝뚝한 표정을 보고 다아시가 자신이 입고 있는 수수한
옷차림에 실망을 했다고 오해한다. 다아시도 엘리자베스가 신분에
대한 열등감으로 자신을 멀리한다고 생각한다. 우여곡절 끝에 두 사
람의 사랑이 이루어질 수 있었던 이유는 옷과 신분에 감춰져 있는 서
로에 대한 순수한 마음과 사랑을 확인했기 때문이다.

자존감은 '내면을 존중하는 마음'이다. 옷차림 때문에, 신분의 차이
때문에 주눅 들어 하거나 자존심에 상처를 쉽게 입는 사람은 자아를
진심으로 존중하지 않는 사람이다.

껍데기를
과감하게 벗어던져라

> **"**
> 실크재킷을 벗어던져라.
> **"**
>
> 에이미 커디, 《자존감은 어떻게 시작되는가》

하버드대학교 경영대학원 교수이자 저명한 사회심리학자인 에이미 커디는 '자신의 진정한 생각, 느낌, 가치 그리고 잠재력이 최고로 드러날 수 있도록 조정된 심리 상태'를 '프레즌스(presence)'라고 말한다. 하이데거가 말한 현전화(現前化)의 심리학 버전이라고 보면 될 것 같다. 에이미 커디에 의하면 프레즌스는 '자존감이 발현되는 출발점'이다. 프레즌스가 전제되지 않으면 자존감이 발현될 수 없다. 감춰져 버린다.

가면, 외투, 체면 등은 프레즌스를 방해하는 요인이다. 자존감이 적절하게 발현되도록 하려면 가면이나 외투, 체면을 과감하게 벗어던져야 한다. 그렇지 않으면 자신의 진정한 내면을 드러낼 수 없으며 드러낸다 하더라도 왜곡된 채로 드러나게 된다. 나의 내면은 둥근 모양인데 가면이나 외투에 가리게 되면 네모나 세모 모양으로 일그러져 나올 수가 있다.

춘추전국시대 말기 송나라의 임금 원공(元公)은 그림 애호가였다. 원공이 그림을 그려보라는 방을 내리자 전국에서 화가들이 구름처럼 모여들었다. 화가들은 그림을 그리기 시작하라는 임금의 명이 떨어지자 일제히 복명을 한 후 붓을 적시고 먹을 갈기 시작했다. 하지만 모여든 화가들이 워낙 많아서 방에 들어오지 못한 화가들이 태반이었다. 그런데 화가 한 사람이 늦게 도착했다. 그는 그림을 그려도 좋다는 임금의 명이 떨어지자 복명을 한 후 방 밖에서 기다리지 않고 곧바로 숙소로 돌아가 버렸다. 원공이 기이하게 여겨 사람을 보내 살피게 했는데, 그 화가는 옷을 벗어던진 채 두 다리를 쭉 뻗고 있었다. 사람이 돌아와 원공에게 그 모습을 전하니 원공은 손뼉을 치면서 이렇게 외쳤다.

"됐다. 그 사람이야말로 진정한 화가다."

宋元君將畫圖 衆史皆至 受揖而立 舐筆和墨
송 원 군 장 화 도   중 사 개 지   수 읍 이 립   지 필 화 묵

在外者半 有一史後至者 儃儃然不趨 受揖不立
재 외 자 반   유 일 사 후 지 자   탄 탄 연 불 추   수 읍 불 립

因之舍 公使人視之 則解衣般礴贏
인 지 사 공 사 인 시 지 즉 해 의 반 박 라

君曰 可矣 是真畫者也
군 왈 가 의 시 진 화 자 야

《장자》 전자방 편

늦게 도착한 화가는 일체의 구속에서 자유로운 인물이었다. 왕에게 예를 표했지만 그것으로 그만이었다. 권위에 얽매이지 않았으며 시간과 공간의 속박에서도 자유로웠다. 겉치레를 훌훌 벗어던지고 두 다리를 편하게 쭉 뻗은 채 존재 그 자체를 그대로 드러냈다.

민낯에 자신이 없는 사람일수록 화장에 신경을 많이 쓴다. 자존감이 약한 사람은 여러 겹의 가면을 쓰고 두터운 외투를 걸친다. 진정한 자아를 만나기 위해서는 화장을 지우고 자신의 민낯, 알몸을 그대로 드러내야 한다. 그런 상태에서 내면의 거울에 비춰진 자신의 모습으로 세상과 마주해야 한다. 그것이 자존감의 시작이다.

낮은 곳으로
더 낮은곳으로

내가 청나라에서 본 장관을 말한다면 깨진 기와 조각과

썩어서 더럽고 냄새나는 똥오줌을 들겠다.

박지원, 《열하일기》

여느 사신(使臣)이라면 당연히 궁궐과 같이 화려한 건축물이나 유서 깊은 사찰, 미적 가치가 뛰어난 정원 같은 것에 가장 먼저 눈길이 갔을 것이다. 하지만 연암은 달랐다. 그가 청나라의 수도에서 주의 깊게 본 것은 깨진 기와 조각과 똥오줌이었다. 그 이유를 연암은 이렇게 설명한다.

"무릇 깨진 기와 조각은 천하 사람들이 버리는 물건일 뿐이다. 하지만 민가를 둘러싸는 담장을 쌓을 때는 어깨 위로 깨진 기와 조각을 두 장씩 서로 마주 배치해 물결이 굽이치는 무늬를 만들어 장식한다.

깨진 기와 조각도 내버리지 않고 활용하니 천하의 문채(文彩)가 바로 여기에 있다.

뒷간의 똥오줌은 지극히 더러운 물건이다. 그런데 그 냄새나는 더러운 똥오줌을 밭에서 거름으로 쓸 때는 마치 금덩어리라도 되는 것처럼 소중하게 여긴다. 똥거름을 활용하는 방법만 관찰하더라도 천하의 제도가 여기에 바로 세워져 있다는 사실을 깨우칠 수 있다."

연암은 조선시대 지식인들 가운데 장자에 가장 정통한 인물이었다. 공자와 맹자의 유가사상을 금과옥조로 여기는 전통적인 관료들과는 달리 조선 말기 북학파들은 노자와 장자 계통의 도가사상에서 새로운 혜안을 구했다. 연암은 그 가운데서도 두드러진다.《열하일기》에 나오는 앞의 인용문도《장자》지북유 편의 다음 우화에서 깨달음을 얻은 것으로 보인다.

동곽자(東郭子)가 장자에게 물었다.
"이른바 도(道)라는 것은 어디에 있는 것입니까?"
장자가 말했다.
"있지 않는 곳이 없습니다."
동곽자가 소상하게 가르쳐달라고 하자 장자는 다시 말했다.
"땅강아지와 개미에게 있소."
동곽자가 어떻게 아래로 내려가느냐고 하자 장자는 다시 말했다.
"돌피나 피 따위에도 있소."
동곽자가 점점 더 아래로 내려가느냐고 하자 장자는 다시 말했다.

"기왓장과 벽돌에도 있소."

동곽자가 너무 심하지 않느냐고 하자 장자는 다시 말했다.

"똥오줌에도 있소."

동곽자가 입을 다물자 장자는 이렇게 말했다.

"그대의 질문은 진실로 본질에 미치지 못하오. 돼지를 감별하기 위해 돼지를 밟을 때는 의례히 위에서 아래로 내려가는 것(검시관이 돼지의 머리에서부터 몸통, 다리 등 아래로 내려가면서 발로 밟아 돼지의 상태를 감별하는 것)입니다. 그래야 돼지의 발육상태를 제대로 알 수 있기 때문입니다. 도(道)란 사물의 특정 부위에 한정해서 존재하지 않으며 두루 존재하는 것입니다."

東郭子問於莊子曰 所謂道 惡乎在?
동 곽 자 문 어 장 자 왈 소 위 도 오 호 재?

莊子曰 無所不在 東郭子曰 期而後可
장 자 왈 무 소 부 재 동 곽 자 왈 기 이 후 가

莊子曰 在螻蟻 曰 何其下邪? 曰 在稊稗
장 자 왈 재 루 의 왈 하 기 하 야? 왈 재 제 패

曰 何其愈下邪? 曰 在瓦甓 曰 何其愈甚邪?
왈 하 기 유 하 야? 왈 재 와 벽 왈 하 기 유 심 야?

曰 在屎溺 東郭子不應 莊子曰 夫子之問也
왈 재 시 뇨 동 곽 자 불 응 장 자 왈 부 자 지 문 야

固不及質 正獲之問於監市履狶也 每下愈況
고 불 급 질 정 획 지 문 어 감 시 리 희 야 매 하 유 황

汝唯莫必 無乎逃物 至道若是

여 유 막 필　무 호 도 물　지 도 약 시

《장자》 지북유 편

　　네덜란드 출신의 헨리 나우웬 신부는 뛰어난 영적 지도자였다. 그는 하버드대학교에서 강의하면서 20여 권이 넘는 책을 썼다. 그 책들은 모두 베스트셀러가 되었고 그에게 막대한 부를 안겨 주었다. 그는 신부로서, 교수로서, 작가로서 모두 성공했다. 그러던 어느 날 나우웬 신부는 하버드대학교 교수직을 그만두었다. 그리고 정신지체아 보호 시설에서 정신지체아들의 대소변을 받아내고 목욕시키는 일을 시작했다. 주위 사람들은 잠깐 동안의 봉사활동 정도로 끝낼 줄 알았지만 나우웬 신부는 정식 직원으로 취직해 일을 계속했다. 사람들이 의아해하자 나우웬 신부는 이렇게 말했다.

　　"저는 그동안 오르막길만 쳐다보고 살았습니다. 한줌도 안 되는 인기와 성공을 위해 위로만 올라갔습니다. 그런데 장애인 시설에서 일을 하면서 비로소 내리막길을 보았습니다. 아래쪽을 보는 순간 거기서 예수 그리스도를 만났습니다. 오르막길에서는 나만 보였는데 내리막길에서는 예수 그리스도가 보였습니다. 이것이 내가 여기서 계속 일하는 이유입니다."

　　예수는 더러운 마구간에서 태어났으며 도(복음)를 전하는 과정에서 창녀와 같이 천하고 버림받은 사람들을 보살폈으며 제자들의 발을 직접 씻기는 섬김의 리더십을 실천했다. 프란치스코 교황은 방한(訪韓) 중 작은 차를 타고 다니면서 소외받고 상처받은 사람들을 찾아가 그들의 손을 잡아주었다. 장자와 나우웬신부, 예수, 프란치스코 교황이 공통적으로 전하는 메시지는 이렇다.

'도(道)란, 복음이란, 진리란 귀하고 높은 데 있는 것이 아니라 천하고 낮은 데 있다. 낮은 곳으로 임하라.'

자존감도 그렇다. 낮고 천한 일을 하더라도 마음을 비우고 겸손한 자세로 그 일에 최선을 다할 때 진정한 자존감이 싹트게 된다. 대통령이나 대기업의 CEO에게만 자존감이 있는 것은 아니다. 아파트 경비원이나 빌딩의 청소부라도 자신에게 주어진 업무에 최선을 다할 때 그가 흘리는 땀은 아름다우며, 그 땀 속에 자존감이 배어 있는 것이다.

잡편

작은 일에
얽매이지 마라

> 66
>
> 인생은 짧다. 작은 일에 얽매이지 마라.
>
> 99
>
> 벤저민 디즈레일리

소탐대실(小貪大失)이란 말이 있다. 작은 일을 탐하다가 큰 일을 그르치는 어리석은 행동을 경계하는 말이다. 사마천도《사기》에서 비슷한 가르침을 주고 있다.

유방이 항우와 천하를 놓고 다툴 무렵, 항우는 홍문(鴻門)에 술자리를 마련해서 유방을 초청한다. 항우의 책사 범증은 유방이 천하를 경영하는 데 가장 큰 걸림돌이라고 판단하고 잔치 도중 칼춤을 추는 척하다가 유방을 죽이려 한다. 하지만 항우가 미적거리는 바람에 거사는 실패로 끝난다. 잠시 밖으로 피신한 유방에게 번쾌가 얼른 말을 타고 도망가라고 건의하자 유방은 그래도 항우에게 간다는 인사도 없이 떠나면 결례라며 머뭇거린다. 이때 번쾌가 이렇게 말한다.

"큰일을 할 때는 작은 일을 돌아보지 않으며, 큰 예를 이루고자 할 때는 작은 결례를 마다하지 않습니다."
大行不顧細謹 大禮不辭小讓 대행불고세근 대례불사소양

유방이 그래도 미적거리자 옆에 있던 참모 장량이 피신을 재촉하며 이렇게 말한다.

"독한 약은 입에 쓰지만 병에는 좋고, 충언은 귀에 거슬리지만 행동에는 이롭습니다."
毒藥苦口利於病 忠言逆耳利於行 독약고구이어병 충언역이이어행

유방은 이 말을 듣고 나서야 마침내 말을 타고 쏜살같이 도망쳐 절체절명의 위기에서 벗어난다.

《장자》 잡편 가운데 가장 먼저 나오는 경상초 편에도 비슷한 우화가 있다. 경상초는 노담의 제자였는데 외루라는 작은 마을을 맡아 선정을 베풀자 고을에 백성들의 칭송이 자자해졌고 경상초를 위해 공덕비를 세우려는 여론이 일었다. 하지만 경상초는 자신을 우상화하는 분위기를 경계하며 더 이상 자신을 드러내려 하지 않았다. 제자들이 마땅히 할 일을 했고 그에 따른 응분의 보상을 받는 것이니 계속해서 마을을 맡아서 일을 해야 한다고 하자 경상초는 다음과 같이 말한다.

"세상이 모두 요순을 칭송하지만 잘못된 것이다. 그들은 자신의 이론으로써 담장을 함부로 파헤치고 세상을 쑥대밭으로 만들었다. 그들이 하는 행동은 머리카락을 한 올 한 올 헤아려가면서 빗질을 하는 것과 같고 쌀알을 한 알 한 알 세면서 밥을 짓는 것과 같다. 요모조모 따지고 비교하면서 작은 일에 얽매이다보면 세상을 제대로 다스릴 수가 없게 된다.

어진 사람을 골라서 등용하면 백성들은 서로 어질게 보이려고 다투게 되고 지혜로운 이에게 일을 맡기면 백성들은 서로 지혜롭게 보이려고 남의 것을 탐하게 된다. 이런 방식으로는 백성들을 풍요롭게 할 수가 없다. 백성들은 서로의 이익을 탐하여 자식은 아비를 죽이고 신하는 군주를 죽이고 해가 중천에 떠있는 한낮에 도둑질을 하려고 남의 집 담에 구멍을 뚫을 것이다.

내 너희들에게 일러둔다. 큰 어려움의 근본은 반드시 요순시대에서 비롯된 것이니 그 적폐가 천 년 뒤에도 이어질 것이다. 그때가 되면 반드시 사람과 사람이 서로를 잡아먹게 될 것이다."

庚桑子曰 且夫二子者 又何足以稱揚哉 是其於辯也
경 상 자 왈 차 부 이 자 자 우 하 족 이 칭 양 재 시 기 어 변 야

將妄鑿垣牆而殖蓬蒿也 簡髮而櫛 數米而炊
장 망 착 원 장 이 식 봉 호 야 간 발 이 즐 수 미 이 취

竊竊乎又何足以濟世哉 舉賢則民相軋 任知則民相盜
절 절 호 우 하 족 이 제 세 재 거 현 즉 민 상 알 임 지 즉 민 상 도

之數物者 不足以厚民 民之於利甚勤 子有殺父
지 수 물 자 부 족 이 후 민 민 지 어 리 심 근 자 유 살 부

臣有殺君 正晝為盜 日中穴杯 吾語女 大亂之本
신 유 살 군 정 주 위 도 일 중 혈 배 오 어 여 대 란 지 본

必生於堯舜之間 其末存乎千世之後
필 생 어 요 순 지 간 기 말 존 호 천 세 지 후

千世之後 其必有人與人相食者也
천 세 지 후 기 필 유 인 여 인 상 식 자 야

《장자》 경상초 편

인생은 큰 숲속을 여행하는 것이다. 삶이라는 숲속 생태계를 이루는 것들 중에서 작은 풀 한 포기라도 소중하지 않은 것이 없다. 고사리는 고사리대로, 버섯은 버섯대로 귀하고 소중하다. 하지만 나물이 건강에 좋다고 해서 지천에 널린 나물들을 모두 다 밥상 위에 올릴 수는 없다.

인생은 짧다. 길어야 백년이다. 우리는 각자에게 주어진 시간에 맞춰서 삶을 설계해야 한다. 그러려면 열 가지 중 굵직한 한 가지에만 집중하고 나머지 아홉 가지는 쓱 지나가도록 두어야 한다. 그것이 현명하다. 열 가지 모두에 동등한 열정을 쏟아붓다보면 한 가지도 제대로 할 수가 없게 된다. 모든 과목을 다 잘하는 사람보다는 한 과목을 특출하게 잘하는 사람이 삶을 더 보람있게 살 확률이 높아지며, 대개의 경우 자기 분야에서 전문적인 입지를 탄탄하게 다진 사람이 그렇지 않은 사람보다 자존감이 더 높게 나타난다.

위로받을 사람은
내가 아니라 당신이오

> **"**
>
> 잘 가. 이제 내가 비밀을 말해 줄게. 그건 아주 간단해.
> 마음으로 보아야 한다는 거야. 정말 중요한 것은 눈으로는 보이지 않아.
>
> **"**
>
> 생텍쥐페리, 《어린왕자》

아침마다 마주치는 사람이 있다. 신문을 돌리는 20대 초반쯤 되어 보이는 여자다. 팔에 걸친 수십 부 신문의 무게가 힘겨워 보인다. 볼 때마다 위로의 말이라도 건네고 싶은 마음이 들곤 한다. 그런데 어느 날 전화 통화하는 것을 들었다.

"곧 끝나. 우유랑 빵 사서 갈게. 아침 먹지 말고 기다려."

통화하는 사람이 엄마인지 동생인지 알 수 없지만 가족인 듯하다. 생기가 넘치는 밝은 목소리를 듣는 순간 거꾸로 내가 위로를 받는다.

'저렇게 열심히 사는데 난 뭐지?'

살면서 대개 한 번쯤은 이런 경험을 했으리라. 상대가 무척 힘들어

보여 위로해주고 싶었는데 상황을 알고 보니 정작 위로를 받을 사람은 나였던 그런 경험 말이다.

《어린왕자》에 나오는 여우의 말처럼 사람에게 정말 중요한 것은 마음의 눈으로만 볼 수 있다. 마음의 눈으로 보지 않으면 위로해야 할 주체가 누구인지, 위로 받아야 할 객체가 누구인지 제대로 분간할 수 없다. 사람이 가진 내면의 세계, 자존감도 육안으로는 잘 볼 수 없고 마음의 눈으로 보아야 제대로 볼 수 있다. 아래 우화에 나오는 위나라 무후는 세상을 '육안'으로 보는 사람이고, 서무귀는 '마음의 눈'으로 보는 사람이다.

서무귀(徐无鬼)가 여상(女商)의 소개로 위나라 무후를 만났다. 무후는 서무귀의 행색을 보고 측은한 마음이 생겨 그를 위로하며 말했다.

"선생께서는 지치셨군요. 산림에 은거하는 것이 고통스러워 나를 만나러 오신 거군요."

이에 서무귀가 말했다.

"정작 위로받을 사람은 임금이십니다. 임금께서는 욕망을 채우기 위해 좋아하고 싫어함을 내세웁니다. 그럴 때마다 임금의 본성에는 병이 듭니다. 반대로 임금께서 욕망을 억제하기 위해 좋아하고 싫어하는 내색을 감추시면 눈과 귀가 괴로워합니다. 제가 이런 연유로 임금을 위로하고자 하는데 어찌해서 임금께서 저를 위로한단 말씀입니까?"

무후가 아무 말도 못하고 가만히 있자 서무귀는 다음과 같이 말했다.

"시험 삼아 제가 임금께 말씀드리겠습니다. 저는 개를 감정할 수 있습니다. 개의 품질은 상, 중, 하 세 가지로 나뉘는데 가장 품질이 낮은 개는 아무것이나 배가 부를 때까지 찾아서 먹는데 이는 살쾡이의 본성과 같습니다. 중간의 개는 마치 해를 바라보듯 하며, 질이 높은 개는 스스로를 잊은 듯 늘 한결같습니다."

徐無鬼因女商見魏武侯 武侯勞之日
서 무 귀 인 여 상 견 위 무 후　무 후 노 지 왈

先生病矣 苦於山林之勞 故乃肯見於寡人
선 생 병 의　고 어 산 림 지 로　고 내 긍 견 어 과 인

徐無鬼日 我則勞於君 君有何勞於我?
서 무 귀 왈　아 즉 노 어 군　군 유 하 로 어 아?

君將盈耆欲 長好惡 則性命之情病矣
군 장 영 기 욕　장 호 오　즉 성 명 지 정 병 의

君將黜耆欲 挈好惡 則耳目病矣 我將勞君
군 장 출 기 욕　견 호 오　즉 이 목 병 의　아 장 로 군

君有何勞於我? 武侯超然不對 少焉
군 유 하 로 어 아?　무 후 초 연 부 대　소 언

徐無鬼日 嘗語君 吾相狗也
서 무 귀 왈　상 어 군　오 상 구 야

下之質 執飽而止 是狸德也
하 지 질　집 포 이 지　시 리 덕 야

中之質 若視日 上之質 若亡其一
중 지 질 약 시 일 상 지 질 약 망 기 일

《장자》 서무귀 편

서무귀는 세상을 떠나 산림에서 은둔생활을 하는 은자(隱者)다. 위나라 무후는 권력의 중심에 있는 임금이다. 서무귀가 무후를 만나러 왔을 때 그의 행색은 초라했다. 무후는 측은한 마음이 들어 위로의 말을 건넸다. 마음의 눈으로 보지 못하고 세속의 권력자인 자신의 관점에서 서무귀를 바라본 것이다. 그러자 서무귀는 곧바로 상황을 반전시킨다.

'정작 위로 받을 사람은 내가 아니라 당신이오!'

서무귀는 세속의 욕망을 주체하지 못하는 무후를 하급 품질의 개에 비유한다. 그리고 자신은 자연을 닮아 늘 한결같은 평정심을 잃지 않는 상품의 개에 비유한다. 자존감 대결에서 위나라의 임금 무후는 은자인 서무귀에게 완패를 당했다.

행복은 성적순이 아니듯 자존감은 권력서열과 무관함을 강조하는 우화다. 권력을 한 손에 쥔 왕보다는 떳떳하고 소신껏 스스로의 삶을 개척해나가는 서무귀 같은 사람이 더 자존감이 높고 멋있는 사람이라고 할 수 있다.

쓸데없는
객기 부리지 마라

뽐내고 오만한 것 가운데 객기(客氣) 아닌 것이 없으니,
객기에게 항복을 받아 끌어내린 후에야 정기(正氣)가 펼쳐진다.

《채근담》

자신의 능력에 비추어 도저히 불가능한 일을 무모하게 시
도하는 사람을 보고 우리는 '쓸데없는 객기 부린다'라고 표현하곤 한
다. 힘자랑 한답시고 무거운 역기를 들다가 허리를 삐끗하는 사람, 사
우나에서 인내심 테스트 한답시고 1시간 넘게 나오지 않다가 탈진하
는 사람, 이런 사람들이 모두 쓸데없이 객기를 부리는 유형들이다. 회
식 중에 '오늘 2차는 내가 쏜다' 하며 양복주머니에서 지갑을 꺼내 흔
드는 사람도 그런 부류다.

객기를 부리는 사람의 공통점은 나중에 반드시 후회를 한다는 사
실이다. 허리를 삐끗한 사람이나 탈진한 사람은 병원 침대에 누워서

'아, 내가 미쳤지' 하면서 후회를 하고, 회식자리에서 지갑을 흔들어 대던 사람은 다음 달 신용카드대금 청구서를 보면서 자신의 머리를 쥐어뜯는다. 그 전에 아내에게 들켜서 '다시는 그러지 않겠다' 하며 자신의 비이성적인 감정 소비를 후회할 수도 있겠다.

장자는 원숭이에 관한 우화를 통해 쓸데없는 객기가 치명적인 결과를 초래할 수 있다며 오만함을 버리라고 말한다.

오나라 왕이 어느 날 신하들을 대동한 채 강을 건너 원숭이들이 많이 살고 있는 산으로 들어갔다. 원숭이들은 오나라 왕의 일행을 보자마자 혼비백산 깊은 산 속으로 도망을 쳤다. 그런데 유독 원숭이 한 마리는 도망을 가지 않고 날쌔게 뛰어다니고 나무를 오르락내리락 하면서 한껏 재주를 뽐냈다.

왕이 원숭이를 향해 활을 쏘자 원숭이는 한 손으로 화살을 낚아챘다. 왕은 신하들에게 원숭이를 향해 일제히 활을 쏘라고 명령했다. 이에 신하들이 여기저기서 활을 쏘자 결국 원숭이는 화살에 맞아 죽고 말았다. 왕은 곁에 있던 자신의 친구 안불의(顔不疑)를 돌아보면서 이렇게 말했다.

"이 원숭이는 자기 재주를 자랑하고 자신의 날램만 믿고서 오만하게 굴다가 이렇게 죽고 말았네. 경계를 삼아야 할 것이다. 그대는 오만한 얼굴빛으로 남을 대하는 일이 없어야 한다."

안불의는 돌아가 동오(董梧)를 스승으로 삼아 정진한 끝에 오만했던 자신의 얼굴빛을 버리게 되었다. 그리고 눈이나 귀의 쾌락을 멀리하고 높은 벼슬도 사양했다. 3년이 지나자 온 나라 사람들이 그를 칭송하게 되었다.

吳王浮於江 登乎狙之山 衆狙見之 恂然棄而走
오 왕 유 어 강 등 호 저 지 산 중 저 견 지 순 연 기 이 주

逃於深蓁 有一狙焉 委蛇攫搔 見巧乎王 王射之
도 어 심 진 유 일 저 언 위 이 확 소 견 교 호 왕 왕 사 지

敏給搏捷矢 王命相者趨射 狙執死 王顧謂其友顔不疑曰
민 급 박 첩 시 왕 명 상 자 추 사 저 집 사 왕 고 위 기 우 안 불 의 왈

之狙也 伐其巧 恃其便 以敖予 以至此殛也 戒之哉 嗟乎
지 저 야 벌 기 교 시 기 편 이 오 여 이 지 차 극 야 계 지 재 차 호

無以汝色驕人哉 顔不疑歸而師董梧 以助其色
무 이 여 색 교 인 재 안 불 의 귀 이 사 동 오 이 조 기 색

去樂辭顯 三年而國人稱之
거 락 사 현 삼 년 이 국 인 칭 지

《장자》 서무귀 편

자존감은 자부심과 관련 있는 심리적 상태다. 하지만 둘 사이에는
'오만함'이라는 결정적 차이가 있다. '자부심이 강한 사람'은 상대에
게 자랑하고 싶은 마음을 앞세우는 경향이 강하고 이런 마음은 오만
함으로 이어지기 쉽다. 반면에 '자존감이 강한 사람'은 자신을 자랑하
거나 내세우지 않기 때문에 오만함과는 거리가 멀다.

자부심에 내포되어 있는 오만함은 '열등감'과 한 짝을 이룬다. 오만
함의 이면에는 열등감이 도사리고 있는 것이다. 오나라 왕 일행의 화

살에 맞아 죽은 원숭이는 평소에 자신이 다른 원숭이들에 비해 날쌔지 못하다거나 재주가 모자란다는 열등감에 젖어 있었을 수 있다. 그래서 오나라 왕 일행과 맞닥뜨렸을 때 순간적으로 그러한 열등감을 만회하려는 객기가 발동했을 수 있다. 하지만 객기의 결과는 죽음이었다.

이성적인 용기는 난관을 돌파하는 힘으로 작용할 수 있다. 하지만 만용과 객기는 신세를 망치는 지름길이 되기 쉽다.

강박관념을 버려라

> **"**
> 어디론가 멀리 떠나야만 해. 그래야 그녀를 잊을 수 있거든.
> **"**
>
> 영화 〈강박관념〉

　　〈강박관념〉은 제임스 M. 케인의 《포스트맨은 벨을 두 번 울린다》라는 소설을 각색한 이탈리아 영화로 네오리얼리즘의 진수를 보여준다. 영화를 끌고 가는 주된 힘은 남자주인공의 내면에 도사리고 있는 '강박관념'이다. 불륜에 대한 욕망을 억제해야 한다는 강박관념이 남자주인공을 떠나게 만들지만, 사랑을 포기할 수 없다는 또 다른 강박관념이 남자의 발걸음을 돌리게 하고, 살인을 저지르게 하고, 범죄를 은폐 조작하도록 한다. 영화를 통해 감독은 강박관념이 삶을 추동하는 강렬한 힘이라는 메시지를 던진다.

　　일부 경영학자들은 강박관념을 예찬하기도 한다. 마이클 레빈은

《깨진 유리창 법칙》이라는 책에서 고객이 겪은 단 한 번의 불쾌한 경험이나 단 한 명의 불친절한 직원이 기업의 근간을 뒤흔든다며 이러한 리스크를 예방하기 위해서는 CEO가 강박관념을 가지고 조직을 철저하게 관리해야 한다고 말한다.

매사를 꼼꼼하게 챙기고 실수를 줄이기 위한 심리적 무장상태로서의 강박관념은 어느 정도 필요하다. 외출하기 전에 가스 불을 잠갔는지 한 번 더 확인하는 습관이나, 시험 답안지를 제출하기 전에 마킹을 제대로 했는지 한 번 더 살펴보는 습관 등은 누구에게나 필요한 건강한 강박관념이다.

하지만 거기까지다. 지나친 강박관념은 오히려 역효과를 초래한다. 실적이 전분기보다 떨어질까봐 1년 내내 조직을 닦달하는 CEO의 강박관념이 매번 긍정적으로 작용할 수는 없다. 적당하게 쉬면서 재충전의 기회를 가지게 해주어야 실적이 더 좋아지는 유형의 사람들도 많기 때문이다.

장자는 두 가지 우화를 통해 삶이 행복해지기 위해서는 강박관념을 버려야 한다고 말한다. 첫 번째 우화는 어떤 남자와 그림자에 관한 우화다.

그대 참으로 어리석도다. 옛날에 어떤 남자가 있었는데 이 사람은 자신의 그림자가 너무 두렵고 싫었어. 그래서 그림자에게서 벗어나기 위해 냅다 달렸지. 그런데 빨리 뛸수록 그림자도 더 빨리 자신을 쫓아오는 거야. 그래서 남자는 더욱 더 빨리 달렸어. 하지만 소용없었지. 죽을힘을 다해 달리던 남자는 결국 숨이 차서 죽고 말았다네.

甚矣子之難悟也 人有畏影惡跡而去之走者
심 의 자 지 난 오 야　인 유 외 경 오 적 이 거 지 주 자

擧足愈數而跡愈多 走愈疾而影不離身
거 족 유 수 이 적 유 다　주 유 질 이 영 불 이 신

自以爲尙遲 疾走不休 絶力而死
자 이 위 상 지　질 주 불 휴　절 력 이 사

《장자》 어부 편

남자가 살 수 있는 방법은 걸음을 멈추고 나무 그늘에 가서 쉬는 것이다. 걸음을 멈추고 나무 그늘로 들어가면 자신을 괴롭히던 그림자도 없어지기 때문이다. 그러한 이치를 깨닫지 못한 남자는 '무조건 빨리 뛰어야 한다'라는 강박관념에 사로잡혀 결국 죽음에 이르렀다. 야근을 밥 먹듯이 하고 휴가도 반납한 채 회사에 나와 일을 하는 현대인들의 모습도 크게 다르지 않다.

강박관념을 극복할 수 있는 방법은 무엇일까? 장자는 두 번째 우화에서 '무위(無爲)'를 그 대안으로 제시한다.

황제가 대외(大隗)를 만나려고 구자산으로 갔다. 방명, 참승, 장약, 습붕, 곤혼, 골계 등 여섯 현인이 말과 수레를 이끌고 황제를 따랐다. 그런데 양성이라는 들판에 이르러 일행은 그만 길을 잃고 말았다. 마침 길 가는 아이가 하나 있기에 황제가 물었다.

"너는 구자산이 어딘지 알고 있느냐?"

아이가 안다고 대답하자 황제는 "그럼 대외라는 분이 계신 곳도 알고 있느냐?"라고 물었다. 아이는 역시 알고 있다고 대답했다. 황제는 신통해서 내친 김에 아이에게 '천하를 다스리는 방법'에 대해 물었다. 이에 아이가 대답했다.

"무릇 천하를 다스리는 사람은 있는 그대로 지내기만 하면 됩니다. 어찌 무엇을 해야 한다고 생각하십니까? 저는 어려서부터 자연을 벗하여 유유히 지내다가 그만 눈병이 났습니다. 어떤 어른이 저보고 해를 수레로 삼고 양성의 들에서 유유히 살아야 한다고 일러주셔서 저는 그대로 실천했습니다. 그랬더니 눈병이 나았습니다. 천하를 다스리는 것도 이와 같을 뿐이니 어찌 무엇을 해야 한다고 생각하십니까?"

黃帝將見大隗乎具茨之山 方明為御 昌宇驂乘
황 제 장 견 대 괴 호 구 자 지 산 방 명 위 어 창 우 참 승

張若 諮朋前馬 昆閽 滑稽後車 至於襄城之野
장 약 습 붕 전 마 곤 혼 골 계 후 차 지 어 양 성 지 야

七聖皆迷 無所問塗 適遇牧馬童子 問塗焉曰
칠 성 개 미 무 소 문 도 적 우 목 마 동 자 문 도 언 왈

若知具茨之山乎 ? 曰 然 若知大隗之所存乎 ?
약 지 구 자 지 산 호 ? 왈 연 약 지 대 괴 지 소 존 호 ?

曰 然 黃帝曰 異哉小童 非徒知具茨之山
왈 연 황 제 왈 이 재 소 동 비 도 지 구 자 지 산

又知大隗之所存 請問爲天下 小童曰 夫爲天下者
우 지 대 괴 지 소 존   청 문 위 천 하   소 동 왈   부 위 천 하 자

亦若此而已矣 又奚事焉? 予少而自遊於六合之內
역 약 차 이 이 의   우 해 사 언 ?   여 소 이 자 유 어 육 합 지 내

予適有瞀病 有長者教予曰 若乘日之車
여 적 유 무 병   유 장 자 교 여 왈   약 승 일 지 차

而遊於襄城之野 今予病少痊 予又且復遊於六合之外
이 유 어 양 성 지 야   금 여 병 소 전   여 우 차 복 유 어 육 합 지 외

夫爲天下 亦若此而已 予又奚事焉?
부 위 천 하   역 약 차 이 이   여 우 해 사 언 ?

《장자》 서무귀 편

일에 대한 강박관념이 심한 사람은 일을 손에서 놓지 못한다. 일을 놓으면 왠지 불안해지고 일을 손에 잡아야 마음이 놓인다. 이른바 워커홀릭, 일중독에 빠진 사람이다. 우리 주변에는 의외로 이런 사람이 많다. 어쩌면 대다수의 현대인들이 워커홀릭에 빠져 있는지도 모른다. 굳이 할 필요가 없는 일도 왠지 하지 않으면 안 될 것 같아서 하게 되는 경우가 많다.

자신이 휴가를 내면 회사가 한순간도 돌아가지 않을 것 같아서 쉬지 못하는 CEO, 자신들이 집에 없으면 아이들이 한 끼도 못 챙겨먹을 것 같아서 마음 놓고 여행을 떠나지 못하는 부모도 지나친 강박관념에 빠진 사람들이다.

막상 내가 없어도 회사와 가정은 잘 돌아간다. 장자의 조언처럼

'무언가 해야 할 것 같은 생각을 버리고 무위(無爲)함으로 돌아가는 것'이 나와 회사, 가정을 모두 행복하게 만드는 지름길이다.

하루를 지우면
일년이 지워진다

> ❝
> 인생은 모두가 함께하는 여행이다. 매일매일 사는 동안
> 우리가 할 수 있는 건 최선을 다해 이 멋진 여행을 만끽하는 것이다.
> ❞
>
> 영화 〈어바웃 타임〉

세상에서 가장 공평한 것은 '시간'이다. 거지에게나 재벌에게나 시간은 공평하게 주어진다. 하루 24시간, 일 년 365일. 삶의 행복은 주어진 시간을 얼마나 멋지고 소중하게 쓰느냐에 달렸다. 돈이 많다고 반드시 시간을 잘 쓸 수 있는 것도 아니다. 나의 경제적 여건 범위 내에서 주어진 시간을 얼마나 알차게 쓰느냐가 관건이다.

영화 〈어바웃 타임〉은 다음과 같은 평범한 진리를 일깨워준다.

'같은 시간을 두 번 살 수 있는 사람은 아무도 없다.'

속도가 삶의 행복을 결정하는 것도 아니다. 같은 한 끼라도 업무에 쫓겨 빠른 시간에 식사를 후딱 해치우기보다는 느긋하게 맛을 음미하면서 식사를 하는 편이 행복감을 높인다. 사라져가는 새마을호 기차를 보면서 아쉬움을 달래는 사람은 많아도, 속도가 두 배 빠른 KTX 열차가 등장했다고 환호하는 사람은 많지 않다. 기차를 타고 얼마나 빨리 가느냐에 따라 삶의 질이 결정되는 것이 아니라 어떤 목적으로 어디로 가서 무엇을 보고 즐기느냐에 따라 삶의 질이 결정된다.

장자는 칙양 편에서 자연의 도리에 통달한 염상씨(冉相氏)라는 인물을 등장시켜 자연의 순리에 따라 살아가는 하루하루의 소중함을 일깨워준다.

염상씨는 자연의 도리에 통달하여 시간의 흐름에 자신을 맡겼다. 그는 그저 만물과 함께할 뿐이었으며 시작과 끝, 시간에 대한 일체의 관념이 없었다. 때에 맞추고자 조바심을 내지도 않았다. 날마다 만물과 함께 변화하되 늘 흔들림이 없었으며 그러한 경지를 벗어나는 일이 없었다. 자연의 순리에 자신을 맡길 뿐 그렇다고 억지로 자연을 스승으로 삼지도 않았다. 만일 그가 그런 용심을 썼더라면 만물의 변화에 그 자신도 휩쓸려가고 말았을 것이다.

무릇 성인에게는 애당초 하늘도 사람도 시작도 끝도 없었다. 그는 세상과 더불어 행하되 자연의 이치를 벗어나거나 훼손시키지 않았다. 탕임금은 문윤등항(門尹登恒)을 스승으로 삼았지만 결코 그에게 구속되지는 않았으며 다만 자연의 이치에 따라 순리대로 일을 만들어나갔다. 그 결과 명분과 실리를 동시에 얻으니 공자도 자신의

사상을 버리고 문윤등항을 스승으로 삼았다. 이에 용성씨(容成氏)는
말한다.

"하루를 제하면 일 년이 없고 안이 없으면 밖이 없다."

冉相氏得其環中以隨成　與物無終無始　無幾無時日
염 상 씨 득 기 환 중 이 수 성　여 물 무 종 무 시　무 기 무 시 일

與物化者　一不化者也　闔嘗舍之　夫師天而不得師天
여 물 화 자　일 불 화 자 야　함 상 사 지　부 사 천 이 부 득 사 천

與物皆殉　其以爲事也若之何？　夫聖人　未始有天　未始有人
여 물 개 순　기 이 위 사 야 약 지 하？　부 성 인　미 시 유 천　미 시 유 인

未始有始　未始有物　與世偕行而不替　所行之備而不洫
미 시 유 시　미 시 유 물　여 세 개 행 이 불 체　소 행 지 비 이 불 일

其合之也若之何？　湯得其司御門尹登恆爲之傅之
기 합 지 야 약 지 하？　탕 득 기 사 어 문 윤 등 항 위 지 박 지

從師而不囿　得其隨成　爲之司其名之名　嬴法得其兩見
종 사 이 불 유　득 기 수 성　위 지 사 기 명 지 명　영 법 득 기 양 견

仲尼之盡慮　爲之傅之　容成氏曰　除日無歲　無內無外
중 니 지 진 려　위 지 박 지　용 성 씨 왈　제 일 무 세　무 내 무 외

《장자》 칙양 편

　　하루하루가 모여 한 달이 되고, 한 달이 모여 일 년이 된다. 하루가
행복하면 일 년이 행복하고, 일 년이 행복하면 평생이 행복하다. 자존
감이 결여되거나 무기력증에 빠진 사람은 이렇게 말한다.

"모래알처럼 많은 시간들인데 그 중에서 한 시간쯤, 하루쯤 대충 보낸다고 삶이 크게 바뀌겠느냐?"

하지만 한 시간이 빠지다 보면 하루가 쑥 빠지게 되고, 하루가 빠지게 되면 한 달이 쑥 빠지게 된다.

'제일무세(除日無歲), 하루를 제하면 일 년이 없다.'

위의 우화에서의 장자의 말처럼 하루에 하루를 더해서 일 년이 되는 것이며, 일 년에 일 년이 더해져서 평생이 되는 것이다. 자존감이 충만한 사람들의 공통된 특징 가운데 하나는 '하루하루를 소중하게 살아간다'라는 사실이다.

마음속의 잡초를
방치하지 마라

> **"**
>
> 우리 안에는 등이 하나 있다. 마음 챙김이라는 등이다. 우리는 그것을 언제든지
>
> 밝힐 수 있다. 우리의 숨, 발걸음, 평화로운 미소가 등을 밝히는 기름이다.
>
> 우리는 마음 챙김이라는 등을 밝혀 그 빛으로 안팎의 어둠을 몰아내야 한다.
>
> **"**
>
> 틱낫한,《너는 이미 기적이다》

화를 참지 못하는 사람이 의외로 많다. 가져온 보고서가 자기 마음에 들지 않는다고 부하 직원에게 욕설을 퍼붓고 물건을 집어던지고 발길질을 하는 직장 상사. 우리에게 익숙한 이런 장면은 영화에만 나오지는 않는다. 현실에도 비일비재하다. 화를 자주 내는 사람들은 대개 욕심이 많고 마음이 편협하다. 마음속이 욕심으로 가득차서 타인을 받아들일 빈 공간이 없기 때문에 조그마한 일에도 감정이 격앙되고 분노가 폭발한다.

화를 다스리고 분노를 적절하게 조절하기 위해서는 마음 수양을 통해 자신의 마음속에 자라는 잡초를 부지런히 제거해야 한다. 탐욕,

이기심, 질투 등 다양한 모양을 하고 있는 마음의 잡초는 자라는 속도가 매우 빠르다. 가만히 놓아두면 걷잡을 수 없을 정도로 자라나 삶의 기반을 송두리째 흔들어놓을 수 있다. 장자는 이러한 마음의 잡초들이 처음에는 상당히 유용한 것처럼 보이지만 장기적으로는 본성을 해치는 독초가 되기 쉽다며 특별히 경계하라고 가르친다.

장오(長梧)의 관문을 지키는 사람이 자뢰(子牢)에게 말했다.
"정치란 거칠게 해서는 안 됩니다. 백성들을 분열시켜서도 안 됩니다. 내가 예전에 벼농사를 지을 때 논을 함부로 갈았더니 수확량이 작아집디다. 김매는 것을 게을리 해도 마찬가지더군요. 방법을 바꿔서 고랑을 가지런히 해서 깊이 갈고 정성껏 김을 매었더니 벼이삭이 잘 여물어 일년을 풍족하게 먹을 수 있게 되더군요."
장자가 이 말을 듣고 이렇게 말했다.
"좋은 이야기다. 사람의 육신과 마음을 다스리는 것도 이와 같다. 사람이 자연에서 멀어지고 본성에서 벗어나는 것은 욕심이 많기 때문이다. 본성은 원래 순박한 것인데 사람들이 자신의 욕심 때문에 거칠게 다루니까 화, 분노, 증오가 싹트게 되고 이것이 결국은 본성을 해치는 잡초가 되는 것이다. 이것들이 처음 싹틀 때는 몸에 이로운 듯 보이지만 곧 자신의 본성을 송두리째 허물어뜨리는 독초가 되고 만다. 그 결과 온몸에 종기와 부스럼이 생기고 속에는 열이 차고 허약한 오줌 거품이 생기게 되는 것이다."

長梧封人問子牢曰 君為政焉勿鹵莽 治民焉勿滅裂

장오봉인문자뢰왈 군위정언물로망 치민언물멸렬

昔予為禾 耕而鹵莽之 則其實亦鹵莽而報予 芸而滅裂之

석여위화 경이로망지 즉기실역로망이보여 예이멸렬지

其實亦滅裂而報予 予來年變齊 深其耕而熟耰之

기실역멸렬이보여 여래년변제 심기경이숙우지

其禾蘩以滋 予終年厭飧 莊子聞之曰 今人之治其形

기화번이자 여종년염손 장자문지왈 금인지치기형

理其心 多有似封人之所謂 遁其天 離其性 滅其情

리기심 다유사봉인지소위 순기천 이기성 멸기정

亡其神 以衆為 故鹵莽其性者 欲惡之孽 為性萑葦蒹葭

망기신 이중위 고로망기성자 욕오지얼 위성환위겸가

始萌以扶吾形 尋擢吾性 並潰漏發

시맹이부오형 심탁오성 병궤루발

不擇所出 漂疽疥癰 內熱溲膏是也

불택소출 표저해옹 내열수고시야

《장자》칙양 편

잡초를 제거하는 가장 좋은 방법은 무엇일까? 베트남 출신의 명상 수양가 틱낫한은 호흡을 조절하거나 천천히 걸으면서 명상을 하는 것만으로도 이런 화를 다스릴 수 있다고 말한다. 더 좋은 방법은 좋은 곡식을 많이 심는 것이다.

옛날 어느 마을에 고승이 한 분 있었다. 어느 날 고승은 잡초가 무

성하게 자라고 있는 들판에 제자들을 불러 모은 후 이렇게 말했다.

"잡초를 없애는 가장 좋은 방법이 뭐라고 생각하느냐?"

제자들은 "트랙터를 동원해서 싹 갈아엎으면 됩니다", "불을 질러 싹 태우면 됩니다" 등의 다양한 답을 내놓았다.

하지만 고승은 고개를 저으면서 이렇게 말했다.

"그것은 일회적인 것이다. 그렇게 해봐야 다음에 또 잡초가 자란다."

그러면서 고승은 각자 돌아가서 방법을 고민해보고 일 년 후에 다시 모이라고 말했다. 제자들은 열심히 궁리를 했지만 결국 답을 찾지 못한 채 일 년 후 다시 들판으로 나갔다. 그곳에 도착한 제자들은 눈이 휘둥그레졌다. 잡초는 간데없고 곡식이 들판을 가득 메우고 있었기 때문이다. 들판 입구에는 팻말이 하나 놓여있었는데, 거기에는 이런 글귀가 적혀 있었다.

'들판의 잡초를 없애는 가장 좋은 방법은 그 자리에 곡식을 심는 것이다. 잡초는 아무리 뽑아도 다시 자라지만 곡식을 심어 정성껏 가꾸면 자연스럽게 잡초는 없어진다.'

마음의 잡초도 이와 같다. 명상으로 화를 다스리고 욕망을 억눌러도 시간이 지나면 또 다시 잡초가 자란다. 마음속에 곡식을 심고 가꾸어 자연스럽게 잡초가 사라지게 하는 것이 가장 좋은 방법이다. 이때 가장 좋은 씨앗은 베풂과 나눔, 돌봄 등이다. 마음속에 그런 곡식이 풍성한 사람일수록 자존감도 높다.

한쪽으로만 치우치지 마라

> "
> 그런즉 너희는 크게 용기를 내서 모세의 율법책에 기록된
> 모든 것을 지키고 행하되 좌로나 우로나 치우치지 마라.
> "
>
> 《구약성경》 여호수아서 23장 6절

상대와 논쟁을 할 때 가장 중요한 것은 상대의 의견을 경청하고, 인정하고, 존중하는 자세다. 무조건 내 의견이 옳다고 우기면서 상대를 몰아붙이는 태도는 상대의 감정을 자극해서 상황을 파국으로 이끌기 쉽다.

세계 최고의 협상 전문가로 알려진 윌리엄 유리는 상대로 하여금 이야기를 하게 만들고 그 이야기를 인정해주면 상대에게도 자기 견해만을 고집하는 대신 다른 사람의 견해를 받아들일 수 있는 마음의 여유가 생긴다고 말한다.

'상대의 마음은 후회, 분노, 불만, 개인적인 사연들로 꽉 차서 잔뜩 어질러진 다락방과 같다. 그와 논쟁을 하는 동안에는 이 모든 것들이 살아 움직인다. 그러나 상대가 하는 말의 타당성을 인정하는 순간 이 모든 감정들은 생기를 잃고 자취를 감추게 된다.'

윌리엄 유리, 《혼자 이기지 마라》

《장자》에서 말하는 도(道)를 현실세계에서 객관화시키기는 어렵다. 여러 사람이 어울려 사는 공동체에서 '이것이 도(진리)'라고 딱 부러지게 말할 수 있는 보편적 규범이나 절대적 기준은 없다. 그래서 누군가가 도의 모습을 구체적으로 그려보라고 하면 근사치를 제시할 수밖에 없다. 그것이 '여론' 혹은 '공론'이다. 한 사람이라도 더 많은 사람들이 공감하고 동의하는 의견이나 믿음, 신념체계를 가리키는 '여론'이 도(道)에 가장 가까운 현실적 존재양식이다. 여론이 곧 도는 아니지만 그나마 가장 가깝다고 말할 수 있는 것이다.

장자는 여론 형성에서 가장 중요한 것은 '타인에 대한 개방적 자세'라고 말한다. 내 의견만 고집하거나 상대방의 의견을 차단하면 공론이 형성될 수 없기 때문에 자신의 의견이 백 번 옳다고 하더라도 상대의 의견에 귀를 기울이는 자세가 중요하다고 말한다.

소지(少知)가 대공조(大公調)에게 물었다.
"무엇을 마을의 여론이라고 합니까?"
이에 대공조가 말했다.
"마을이란 여러 성씨를 가진 사람들이 모여 사는 곳입니다. 서로

다른 것을 합해서 하나로 만든 것이기 때문에 그것들을 분리해서
갈라놓으면 각기 다른 것이 되고 맙니다. 말의 예를 들자면 우리
가 말을 말이라고 할 수 있는 까닭은 말의 신체 각 부위가 합쳐진
것을 보기 때문입니다. 말의 몸체를 따로따로 분리해서 흩어 놓으
면 말이라고 할 수 없게 되지요. 언덕이나 산은 흙더미가 쌓여서
된 것이며 강물도 작은 물줄기들이 모여서 된 것입니다.

마을의 여론이 제대로 형성되기 위해서는 무조건 나의 의견이 옳
다고 고집해서도 안 되며 상대방의 의견을 차단해서도 안 됩니다.
봄, 여름, 가을, 겨울은 각각 그 기후가 다르지만 하늘이 어느 한
편에 치우치지 않기 때문에 모여서 한 해를 이루는 것입니다. 오
관(五官)은 맡은 바 직책이 다르지만 임금이 어느 한쪽을 편애하지
않기 때문에 나라를 다스릴 수 있는 것입니다."

少知問於大公調曰 何謂丘里之言 ? 大公調曰 丘里者
소 지 문 어 대 공 조 왈 하 위 구 리 지 언 ? 대 공 조 왈 구 리 자

合十姓百名而以爲風俗也 合異以爲同 散同以爲異
합 십 성 백 명 이 이 위 풍 속 야 합 이 이 위 동 산 동 이 위 이

今指馬之百體而不得馬 而馬係於前者 立其百體而謂之馬也
금 지 마 지 백 체 이 부 득 마 이 마 계 어 전 자 입 기 백 체 이 위 지 마 야

是故丘山積卑而爲高 江河合水而爲大 大人合幷而爲公
시 고 구 산 적 비 이 위 고 강 하 합 수 이 위 대 대 인 합 병 이 위 공

是以自外入者 有主而不執 由中出者 有正而不距
시 이 자 외 입 자 유 주 이 부 집 유 중 출 자 유 정 이 불 거

四時殊氣 天不賜 故歲成 伍官殊職 君不私 故國治

사 시 특 기 천 불 사 고 세 성 오 관 수 직 군 불 사 고 국 치

《장자》 칙양 편

    여론의 흐름을 바꾸는 주체는 이념적 스펙트럼에서 좌우 양극단에 위치해 있는 사람이 아니라 중간에 넓게 포진해 있는 중도 개혁 성향의 합리주의자들이다. 이들은 어느 한쪽으로 치우치지 않기 때문에 세상을 좀 더 공평한 눈으로 볼 수 있으며, 양극단보다는 더 넓게 분포되어 있기 때문에 여론의 균형추를 움직일 수 있는 다수세력이 되기 쉽다.

    자기 생각이나 의견에 자물쇠를 꽉 채우는 것은 자존감을 높이는 방법이 아니다. 타인에 대해 너그러운 품성과 태도를 가져야 마음속 여유공간을 넓게 확보할 수 있으며, 그 공간이 넓고 튼튼해야 자존감도 더 굳건하게 세울 수 있다.

불안의
덫에서 빠져나오려면

> ❝
> 삶은 하나의 욕망을 또 다른 욕망으로,
> 하나의 불안을 또 다른 불안으로 바꿔나가는 과정이다.
> ❞
>
> 알랭 드 보통, 《불안》

현대인은 불안하다. 너도 불안하고 나도 불안하다. 불안하지 않은 사람이 이상할 정도로 사람들은 불안하다. 삶은 불안의 연속이다. 어제도 불안했고, 오늘도 불안하고, 내일도 불안하다. 왜일까? 왜 이렇게 현대인의 삶은 불안할까?

알랭 드 보통에 따르면 현대사회는 사방에 '불안의 덫'이 널려있다. 그 덫의 구체적인 모습은 크게 두 가지로 추려진다. 첫째는 '성과주의'라는 덫이다. 성공해야 사람 취급받을 수 있고, 돈을 많이 벌어야 행복할 수 있다는 성과주의 때문에 사람은 한 시도 편할 날이 없게 된다. '어느 학교 나왔니?', '어느 직장에 다니니?', '어디 사니?' 등 주

변 사람들 모두가 이런 성과주의를 찬양하는 속물들이기 때문에 현대인들은 불안의 덫에서 한시도 자유로울 날이 없다.

둘째는 역설적으로 들릴지 모르지만 '평등주의'가 사람을 불안하게 만든다. 어떻게? 과거 신분사회에서 노예는 노예대로, 평민은 평민대로 마음 불안할 일이 없었다. 귀족에서 노예로 신분이 떨어지거나, 노예에서 귀족으로 신분이 격상될 수 있다는 생각을 하지 않기 때문에 불안할 이유가 없었다. 그런데 신분제도가 철폐된 현대사회는 다르다. '조건이 나랑 똑같은데 왜 저 친구가 나보다 더 잘 나가지?' 등의 생각으로 인해 마음이 편할 날이 없다.

장자는 불안의 원인을 '상충된 이해관계'에서 찾는다. 이로운 쪽으로 작용할 수도 있고 해로운 쪽으로 작용할 수도 있는 다양한 삶의 조건들 때문에 사람의 마음은 하늘과 땅 사이에 걸린 것처럼 늘 불안하다는 것이 장자의 진단이다.

나무와 나무를 마찰시키면 불이 생기고 쇠가 불 속에 들어가면 녹아내리듯이 음과 양이 뒤섞여 운행되면 하늘과 땅에 큰 변동이 일어난다. 이 때문에 천둥 번개가 생기고 빗속에서 벼락이 쳐 큰 회나무를 태운다. 모든 것은 서로 상충되는 음양의 조화로 생기는 것이니 이로부터 도망치기는 불가능하다. 놀라서 두려워하는 가운데 아무런 일도 이루지 못하고 마음은 하늘과 땅 사이에 매달린 듯 늘 불안하다.

근심 걱정이 심해지면 이해가 서로 마찰을 일으켜 화병을 일으키기도 한다. 불안은 마음속 화기(和氣)를 태워 화기(火氣)로 만드니

달처럼 깨끗하고 고요한 마음은 그것을 이길 수가 없게 된다. 이처럼 불안으로 인해 평정심이 무너지고 결국에는 삶의 토대를 이루는 도가 무너지는 것이다.

木與木相摩則然 金與火相守則流 陰陽錯行 則天地大絯
목 여 목 상 마 즉 연 금 여 화 상 수 즉 류 음 양 착 행 즉 천 지 대 해

於是乎有雷有霆 水中有火 乃焚大槐 有甚憂兩陷 而无所逃
어 시 호 유 뢰 유 정 수 중 유 화 내 분 대 괴 유 심 우 량 함 이 무 소 도

蹍蹭不得成 心若懸於天地之間 慰睯沈屯 利害相摩
진 윤 부 득 성 심 약 현 어 천 지 지 간 위 민 침 둔 이 해 상 마

生火甚多 衆人焚和 月固不勝火 於是乎有償然而道盡
생 화 심 다 중 인 분 화 월 고 불 승 화 어 시 호 유 퇴 연 이 도 진

《장자》 외물 편

불안을 근본적으로 퇴치할 수는 없다. 더 큰 근심걱정, 우환, 심화(心火)로 발전하지 않도록 마음을 다독이면서 치유해나가는 방법이 최선이다. 마음을 다독일 수 있는 가장 좋은 방법은 '내려놓기'다. 성과주의, 성공신화, 부자 되기 등 마음속에서 이런 짐들을 내려놓는 것이 최선이다.

그리고 삶에 대한 나만의 기준을 가져야 한다. 현대사회는 '당신도 노력하면 빌 게이츠가 될 수 있다!'라는 식의 메시지로 넘쳐난다. 하지만 사실이 아니다. 누구나 빌 게이츠가 될 수는 없다. 하지만 나에게는 나만의 삶의 방식이 있다. 노력한다고 빌 게이츠가 될 수는 없

지만 내가 원하는 내 삶을 개척할 수는 있다. 그것을 깨달을 때 자존감이 선물로 주어진다. 그리고 마음속의 불안도 치유할 수 있다.

조금은 빈틈이
있어야 한다

> 66
>
> 삶에는 빈틈이 필요하다. 빈틈이 있어야 숨통이 트인다. 빈틈이 있다는 말은
> 한편으로는 웬만한 공간은 다 채워졌다는 뜻이 아닐까? 살짝 빈틈이 있어야
> 인간다운 법이다. 빈틈이 있어야 삶의 방식을 재배치할 여유가 생긴다.
> 99
>
> 《엄마의 빈틈이 아이를 키운다》의 저자 하지현 인터뷰 중에서

빈틈을 보이면 인간관계가 서툴거나 업무에 미숙한 사람으로 치부되기 쉽다. 그래서 어른들은 아이들에게 절대로 빈틈을 보이지 말라고 가르친다. 하지만 정신과 의사 하지현은 거꾸로 말한다. '적당한 빈틈이 있어야 아이가 창의성도 발휘할 수 있고, 삶을 자기 주도적으로 설계할 수 있다'라고 강조한다. 그에 따르면 완벽주의를 추구하는 부모는 아이들에게 최고의 재앙이다.

여백의 미를 살린 그림이 더 아름다워 보이듯이 삶도 적당한 여백이 있어야 더 풍요로워진다. 지나치게 꽉 채워져 있는 사람보다는 조금은 빈틈이 있어 보이는 사람이 더 좋은 인간관계를 맺을 수 있다.

〈가시나무새〉의 노랫말처럼 내 속에 내가 너무도 많으면 타인이 들어와서 쉴 수 있는 공간이 없어진다. 그러니 사람이 모이지 않는다.

장자도 '삶의 빈틈'을 강조한다. 장자는 집안에 빈틈이 없으면 시어머니와 며느리가 다투게 되듯이, 마음속에 노닐 수 있는 공간이 없으면 온갖 욕정들이 서로 다툰다며 마음에 여백을 두라고 말한다.

무릇 도라는 것은 막히는 것을 싫어한다. 막히면 경색되고 경색된 채로 나아가면 사리에 어긋나게 된다. 사리에 어긋나면 여러 가지 폐단이 생긴다. 사물 가운데서 지각이 있는 것은 호흡을 통해 생명을 유지한다. 호흡이 원활하지 않은 것은 하늘의 잘못이 아니라 사람의 잘못이다. 하늘은 늘 숨구멍을 열어놓고 있지만 사람이 스스로 그 구멍을 막기 때문에 호흡작용이 원활하지 않은 것이다. 신체의 내부에도 텅 빈곳이 있어 그것으로 숨을 쉬고 마음에도 빈틈이 있어 심령이 자유롭게 돌아다닐 수 있다.

집안에 빈틈이 없으면 시어머니와 며느리가 다투게 되듯이 마음속에 빈틈이 없으면 여섯 개의 감각기관이 서로 다투게 되어 신체에 탈을 일으킨다. 큰 숲이나 산이 사람들에게 좋은 까닭은 움직일 수 있는 공간이 많아 마음의 여유를 가질 수 있기 때문이다.

凡道不欲壅 壅則哽 哽而不止則跈 跈則衆害生
범 도 불 욕 옹　옹 즉 경　경 이 부 지 즉 전　전 즉 중 해 생

物之有知者恃息 其不殷 非天之罪 天之穿之
물 지 유 지 자 시 식　기 불 은　비 천 지 죄　천 지 천 지

日夜無降 人則顧塞其竇 胞有重閬 心有天遊
일 야 무 강 인 즉 고 색 기 두 포 유 중 랑 심 유 천 유

室無空虛 則婦姑勃谿 心無天遊 則六鑿相攘
실 무 공 허 즉 부 고 발 혜 심 무 천 유 즉 육 착 상 양

大林丘山之善於人也 亦神者不勝
대 림 구 산 지 선 어 인 야 역 신 자 불 승

《장자》 외물 편

　이란에서는 아름다운 문양으로 섬세하게 짠 카펫에 흠을 하나 남겨놓는데 이를 '페르시안의 흠'이라고 부른다. 인디언들 역시 구슬로 목걸이를 만들 때 흠이 있는 구슬을 하나 끼워 넣는데 이를 '영혼의 구슬'이라고 부른다. 완벽한 것은 신의 영역이고 인간은 불완전한 존재이기 때문에 의도적으로 빈틈을 남겨두려는 고대인들의 철학과 지혜를 엿볼 수 있다.

　빈틈이 있다고 삶이 허약해지지는 않는다. 제주도의 돌담들이 강한 바람을 견딜 수 있는 이유는 돌담을 쌓고 있는 돌과 돌 사이의 빈틈이 있기 때문이다. 인생도 그렇다. 빈틈이 있음으로 삶은 오히려 강해진다. 빈틈이 주는 여유가 자존감을 키우고 삶을 풍요롭게 만들어 주기 때문이다.

자존감을 지키며 산다는 것, 그리고 당당한 죽음

죽음은 삶의 반대편 극단에 있는 것이 아니라,

그 일부로서 존재하고 있다.

무라카미 하루키, 《상실의 시대》

　　서른일곱 살의 와타나베를 실은 보잉747이 함부르크 공항
에 막 착륙한다. 기내에는 비틀즈의 〈Norwegian Wood〉가 흐르고
있다. 와타나베는 문득 고교 2학년 시절 있었던 기즈키의 죽음을 떠
올린다. 기즈키는 와타나베의 절친한 친구이면서 연적(戀敵)이었다.
소설의 원제인 '노르웨이의 숲(森)'에 쓰인 한자 森(삼)이 삼각관계를
드러내는 메타포다. 어느 날 기즈키가 자살을 하자 와타나베는 좀처
럼 충격에서 벗어나지 못한다. 충격에서 그를 구해준 것은 죽음에 대
한 인식의 전환이었다.

'죽음은 삶의 일부다.'

하루키 자신의 생사관이 반영된 것이리라.

죽음이 삶의 일부라는 도가적 인식을 받아들이면 죽음이 두렵지 않게 된다. 밤에 눈을 감았다가 아침에 다시 눈을 뜨는 것처럼 죽음은 자연스러운 삶의 일부가 되기 때문이다.

죽음에 관해서는 모든 종교가 비슷한 전략을 갖고 있다. 기독교는 부활이라는 초월적 현상을 교리에 도입해서 죽음에 대한 두려움을 없앴으며 그것이 포교에 큰 도움이 되었다. 도교는 종교라고 할 수 없지만 내면화된 신념체계로 받아들이면 종교나 다를 바가 없다. 죽음에 대한 장자의 우주적 인식은 매우 합리적이고, 또한 멋있다. 특히 장례문화와 관련해서 눈여겨볼 점이 있다.

장자가 죽음을 맞이하자 제자들은 장례를 후하게 치르려 했다. 이에 장자가 말했다.

"나는 하늘과 땅을 관곽(棺槨)으로 삼을 것이고, 해와 달과 뭇별들을 내 시신을 수놓는 장식품으로 삼을 것이고, 만물을 조문객들이 바치는 예물로 삼을 것이다. 더 이상 뭐가 필요하다는 말이냐?"

제자들이 말했다.

"까마귀나 솔개가 선생님의 시신을 뜯어먹을까봐 걱정됩니다."

이에 장자가 말했다.

"내 시체를 땅 위에 두면 까마귀와 솔개의 먹이가 될 것이고 땅 아래에 파묻으면 땅강아지나 개미들의 먹이가 될 것이다. 너희들의

생각은 까마귀와 솔개의 먹이를 빼앗아 땅강아지와 개미들에게 주
겠다는 것이니 이 어찌 편향된 생각이 아니란 말이냐?"

莊子將死 弟子欲厚葬之 莊子曰 吾以天地爲棺槨
장 자 장 사　제 자 욕 후 장 지　장 자 왈　오 이 천 지 위 관 곽

以日月爲連璧 星辰爲珠璣 萬物爲齎送 吾葬具豈不備邪
이 일 월 위 연 벽　성 신 위 주 기　만 물 위 제 송　오 장 구 기 불 비 야

何以加此? 弟子曰 吾恐烏鳶之食夫子也 莊子曰
하 이 가 차 ?　제 자 왈　오 공 오 연 지 식 부 자 야　장 자 왈

在上爲烏鳶食 在下爲螻蟻食 奪彼與此 何其偏也
재 하 위 오 연 식　재 하 위 루 의 식　탈 피 여 차　하 기 편 야

《장자》 열어구 편

　　장자의 생사관은 《상실의 시대》에서 읽을 수 있는 무라카미 하루
키의 생사관과 일치한다. 장자에게 죽음은 삶과 동떨어진 것이 아니
라 삶의 일부다. 장자는 우주 속에서 공기가 순환하듯 사람의 삶과
죽음은 순환한다고 보았다. 죽은 이후 자신의 시신을 땅 속에 파묻든
까마귀들이 뜯어먹게 그냥 놓아두든 장자에게 있어서는 본질적으로
아무런 차이가 없다. 장자에게는 시신도, 땅도, 까마귀나 개미도 우주
를 구성하는 일부분이기 때문이다.
　　결국 장자의 생사관으로 보면 당당하게 죽는 것과 당당하게 사는
것은 동의어다. 절대 권력과 빅 사이즈의 재물 앞에서도 주눅 들지
않고 당당하게 자존감을 지키면서 내 꿈을 향해 달려가는 것이 당당

하게 죽음을 맞는 비결이다.

죽음을 앞둔 사람들이 가장 후회하는 것이 '이루지 못한 자신의 꿈'이라고 한다. 죽음의 그림자가 다가올 때 변명은 통하지 않는다. 염라대왕이 보낸 저승차사에게 '내 꿈을 아직 이루지 못했으니 조금만 더 시간을 달라' 하고 애원해보아야 소용없다. 저승차사가 '왜 그렇게 살았느냐?'라고 물을 때 '목구멍이 포도청이라, 입에 풀칠하느라고, 힘이 모자라서, 시간이 없어서'라고 답하는 것은 모두 핑계에 불과하다. 영화 〈신과 함께〉에서 보여주듯 그릇된 욕망 때문에 저지른 잘못과 그로 인한 회한과 상처는 천 년의 세월이 흘러도 치유되지 않는다. 눈앞의 자잘한 이익이나 탐욕을 모두 내려놓고 내 마음의 헌법인 자존감을 세우면서 떳떳하게 삶을 살아야 저승차사가 왔을 때 '후회 없는 삶을 살았으니 어서 앞장서라'라고 당당하게 말할 수 있게 된다. 장자처럼.